DJ鉄ぶらブックス 011

# 線路端(せんろばた)のひみつ
## ～車窓から見えるあの物体は何？～

富山湾の雨晴海岸へ続く小さな第一種踏切　2014.9.22　氷見線雨晴付近

JN161510

# 線路端のひみつ
## ～車窓から見えるあの物体は何？～

## CONTENTS

　電車に乗っているときに、ふと目にする標識や建造物の数々……。それらがいったい何であるのか、何のためにあるのだろうか？　本書ではそうした、鉄道に関するちょっとした疑問の数々を集め、少し詳しく探ってみましょう。

### 駅で見かけるモノ　　4
- 停止位置目標　　6
- 駅のホーム　　8
- ホームドア（可動柵）のいろいろ　　10
- ホームのベンチ　　12
- 駅の時計　　14
- 駅名標　　16
- 駅のサイン類　　18
- 路面電車の電停　　20
- 自動券売機　　22
- 自動改札機　　24
- 駅の売店　　26
- 駅の待合室　　28
- 跨線橋と構内踏切と地下道　　30
- 無人駅の施設　　32
- 各地に残る古レール　　34
- ドアカットする駅　　36
- 車止め　　38

### 列車に乗って見かけるモノ　　40
- カーブ　　42
- 勾配　　44

| 複々線 | 46 |
| トンネル | 48 |
| 高架橋 | 50 |
| 鉄橋 | 52 |
| 駅の線路配線 | 54 |
| 車両基地の線路配線 | 56 |
| 不思議な車両たち | 58 |

## 線路脇で見かけるモノ　60

| 踏切 | 62 |
| 線路際の「光り物」 | 64 |
| 地上子 | 66 |
| ポイント（分岐器） | 68 |
| レール | 70 |
| マクラギ | 72 |
| ラダー軌道とスラブ軌道 | 74 |
| 線路脇のさまざまな標識 | 76 |
| バラスト | 78 |
| 平面交差 | 80 |
| 三線軌条 | 82 |
| 踏切注意の標識 | 84 |
| 蒸気機関車時代の名残り | 86 |
| スイッチバック | 88 |
| 路面電車の線路 | 90 |
| ループ線 | 92 |
| 信号場 | 94 |

## そのほかの鉄道設備　96

| 架線 | 98 |
| 架線柱 | 100 |
| 信号機 | 102 |
| 列車種別選別装置 | 104 |
| 第三軌条 | 106 |
| モノレールのレール | 108 |
| 新交通システムの軌道 | 110 |

# 駅で見かけるモノ

~気がつけば割と
　　　珍しいものがある~

停止位置目標／駅のホーム／ホームドア（可動柵）のいろいろ／ホームのベンチ／駅の時計／駅名標／駅のサイン類／路面電車の電停／自動券売機／自動改札機／駅の売店／駅の待合室／跨線橋と構内踏切と地下道／無人駅の施設／各地に残る古レール／ドアカットする駅／車止め

#  停止位置目標

## 停止位置よし！ 誤差50cm未満の職人技が光る

賑やかな東京駅東北・上越・北陸新幹線ホームの停止位置目標　2011.3.5

● 外国人観光客がビックリ

　年々急激な勢いで増加する外国人観光客。彼らもJRや地下鉄などを利用する。その際、時刻が正確なことや混雑が激しいことのほかに驚くのが、プラットホーム上に表示された「乗車目標（乗車位置）」の場所に電車のドアが、ピタリと停止することだという。

　最近でこそホームドアの普及や自動運転化でピタリと決められた位置に停止することが一般化してきたが、従来、欧米の鉄道では乗車目標そのものが記されていることがなかった。長距離列車にしても、だいたいホームのどのあたりに1等車や2等車が停まるという表示があっても、日本の新幹線や長距離特急のように「○号車」と記されたその位置に、その号車のドアが停止する場面にお目にかかることはめったにないのだ。

　このような、訪日外国人が驚くシステムを支えているのが、線路際に立てられていたり、あるいは線路上に埋め込まれていたりする「停止位置目標」だ。そして、停止位置目標に運転士が電車を停止させたときに、先頭部からそれぞれのドアの位置を算出して掲出されているのがホームの乗車位置目標だ。

　停止位置目標にはさまざまな種類があるが、もっとも一般的なのが線路際に立てられているひし形（正確には、正方形を45°回転させた形）のもの。通常は、運転席のある進行方

❶京浜急行電鉄で8両・6両の停止位置を示すため線路上に建植された標識。レール間の赤いランプは停車列車へ確認の合図を出している　2014.7.17　本線青物横丁　❷東武鉄道6050系634型「スカイツリートレイン」専用の停止位置目標　2015.2.7　桐生線赤城（団体臨時列車として入線）❸ＪＲ西日本のホーム上に見られる、各電車形式名で示された停止位置目標　2013.8.17　阪和線日根野

向左側に設置されているが、ホームがある場合は右側に建てられる。また、ホーム屋根がある駅では、吊り下げられている場合もある。いずれも運転士が見やすいようにさまざまなくふうがなされており、Ｌ字形のアングルで位置を調整したり、内部に照明を組み込んで暗い場所でも容易に認識できるようにといった具合だ。多雪地域では、冬期に積雪で埋らないように高い位置に設置するのが一般的。

いっぽうで線路内、つまり２本のレール間に三角の札を設置している場合もある。この方式は地下鉄や一部私鉄に見受けられるスタイルだ。また、自動運転でない路線でホームドアのある駅の場合は、停止位置に厳密さが求められるため、乗務員室の窓から見える目線の位置に目印が描かれている例もある。

停止位置目標には、線路際、線路内のいずれのタイプでも「６」や「８」などと数字が記入されていることが多い。これは「６両編成の停止位置」とか「８両編成の停止位置」という意味で、最長編成の停止位置には「Ｘ」と表示される。たとえば、埼京線と湘南新宿ラインが合流する山手貨物線では、線内最長の湘南新宿ライン15両編成の停止位置が「Ｘ」ということになる。

さらに、車体長が異なる電車が混在して使用されている路線や、列車種別によって停止位置が異なる駅などには、独自の表記が用いられている。たとえば、21ｍ車の近鉄と19ｍ車の阪神が相互乗入れする近鉄奈良線では、近鉄車の停止位置が赤／白、阪神車が黄／黒。阪神線では阪神車が数字だけ、近鉄車は数字の頭に「近」を付けて表示される。

「定められた位置に正確に停める」という技術は乗降時間の短縮など、そのもたらす効果は大きい。何気ないことのようだが、じつは日本の鉄道の効率の高さを支えている大事な部分なのだ。

# 駅のホーム

## もしもこれがなければ列車の乗り降りが大変

相模鉄道いずみ野線ゆめが丘駅は珍しい曲線の鉄骨で構築されたホーム　2013.6.18

● ホームの設計思想

　電車に乗る際、当たり前のように使っている駅のホーム。果たしてどの程度の高さがあるのか、気にされたことはあるだろうか？

　国鉄時代にはホームの高さに基準が設けられており、客車の走る区間では地表面から760mm、電車の走る区間では1100mmとなっていた。かつて、ディーゼルカーなどは車内にステップがある車両が多かったが、これは地方線区に多かった客車用の低いホームに合わせるためだ。

　現在も電車の走る区間では1100mmが標準で、これはおおむね成人男子の胸の高さにあたる。階段にして6段程度だ。ホームから人が転落したというニュースを耳にすることがあるが、大事には至らないまでも、落ちただけでも危険を伴う高さであることは間違いない。たとえ混雑したホームでも、黄色い線の内側を歩くように心がけよう。

　ちなみに、現在では世界各国で当たり前となった「黄色い線」こと視覚障害者誘導用ブロックは日本が発祥だ。駅ホームでは、1970（昭和45）年に阪和線我孫子町駅に導入されたのが初だった。近年は、ブロックのどちら側がホームの端（線路側）かわかるよう、ホームの内側寄りに線状の突起を設けた「内方表示ブロック」が普及している。

　ホームの構造は、現在では高架橋のように

新橋駅5番・6番のりばに覗くレンガ造りのホーム。途中から石組みに変わり、嵩上げした様子もわかる 2016.4.25 東海道本線新橋

国鉄時代に試作実験された可動式のプラットホーム。曲線区間に設けられたホームで車体との間隙を埋めるため、櫛状の部分が車体方向に延びる仕組みだった 1958.3.5 国鉄大井工場

　鉄筋コンクリートの柱の上や鋼材を組んだ支柱の上に床面を設けたかたちが一般的だが、昔はレンガや石を積み上げて構築し、表面に砂利などを敷いた構造が多かった。現在でもローカル線では、ホームの上面がコンクリートやアスファルトで舗装されていない駅が見られる。

　古いホームが残る駅といえば、地方のローカル線のイメージがあるが、JRの東京駅や新橋駅など都市部の歴史の古い駅のホームには意外とレンガ積みの基礎が残っていることがある。山手線や京浜東北線などに乗る際は各駅のホームを見てみよう。

　近年はホームの嵩上げも進んでいる。客車時代のまま使い続けられているホームにステップのない電車が停車すると高低差が生じてしまうため、嵩上げは以前から行なわれていたが、最近はバリアフリー化のため、電車の床面とホームの段差を極力なくすためにいっそう推進されている。嵩上げはコンクリートなどを流し込んで行なうことも多いが、発泡スチロールを使った例もある。

　バリアフリーといえば、地下鉄を中心に最近導入が増えているのが「可動式ステップ」だ。電車とホームの隙間を埋めるため、電車が停車すると自動的にステップが張り出すという仕組みで、基本的にホームドアのある駅に導入されている。

# ホームドア（可動柵）のいろいろ

## 都市の駅では必要不可欠になりつつある装備

JR山手線の駅に設置された「可動式ホーム柵」。最近はドア部分が透明になったタイプが増えている

### ●ホームドアよもやま話

　最近、都市部の駅で増えつつあるホームドア。線路への転落や列車との接触事故を防ぐための設備として整備が進み、2014年9月末の段階では全国で593駅に設置されている。一見無機質に見えるホームドアにも、よく見てみるといろいろなタイプがある。

　ホームドアは、大まかに分けると「可動式ホーム柵」と呼ばれる、腰までの高さのタイプと、エレベーター乗り場のように天井まで届く「スクリーンドア」の2タイプがある。

　日本で初めてホームドアと呼べるシステムが設置されたのは東海道新幹線の熱海駅。1974（昭和49）年のことで、いわゆる「可動式ホーム柵」のタイプだった。1981（昭和56）年に日本初の無人運転路線として開業した新交通システム、神戸新交通ポートアイランド線は全駅にスクリーンドアを設置。1991（平成3）年、新幹線や新交通システムを除く一般の鉄道で初めてホームドアを採用した営団地下鉄（現・東京メトロ）南北線もスクリーンドアを採用した。よりコストを抑えられる可動式ホーム柵は、2000（平成12）年の東急目黒線、都営地下鉄三田線で採用されて以降普及した。

　現在多くの駅で見られる「可動式ホーム柵」は高さが1.3mほど、ドアの幅は2mが一般的だ。なぜこの幅なのかというと、通勤電車

❶JR東日本の八高線拝島駅で実証試験中の「昇降バー式」。棒が上下することで柵の役割を果たす ❷北陸新幹線金沢駅の可動式ホーム柵。新幹線の場合は通勤電車のようにドア位置にぴったり合わせた幅ではなく、広めのドアを使用している ❸取り付け工事中の可動式ホーム柵。駅への輸送は電車に載せて運ぶのが一般的だ ❹完全密閉形のフルスクリーンタイプを採用している京王線布田駅。まるでエレベーター乗り場のよう　写真：筆者（5点とも）

　のドア幅は一般的に1.3mなので、幅が2mあれば仮に停車位置が前後に35cmまでずれても対応できるという考えからだ。ホームドアのある路線は精密な停止位置の制御ができる「定位置停止装置」などを採用するケースが多いが、従来どおり運転士が手動で停めている場合もあり、その場合はドア幅2.5mなど、やや開口幅の広いタイプが使用される。ドア位置が若干異なる車両に対応するため、広めのドアを使用する例もある。
　スクリーンドアは、東京メトロ南北線、京都市営地下鉄東西線などを除き、基本的に新交通システムで採用されている。「天井まで届く」といっても、実際には上部に隙間があるのがほとんどだが、完全に密閉されている例もある。京王線布田駅のスクリーンドアはトンネル換気の都合上、天井まで一切隙間がなく、まるでエレベーターホールのようだ。
　最近はコストダウンやドア位置の異なる車

両に対応するタイプの開発が進んでおり、現在見られる新型としては、ロープや棒を上げ下げする「昇降式」がある。JR西日本の東海道本線六甲道駅、高槻駅のほか、JR東日本も八高線拝島駅で実証試験を行なっている。上下に動くロープや棒をくぐって電車に乗り降りする様子は、「門」のようだ。
　ホームドアを設置するためには、本体を駅のホームまで運んでこなくてはならないが、駅のエレベーターや階段で運ぶのは大きさや重量の面で難しい。ではどうやって運んでいるかというと、電車を使うのだ。鉄道会社によっては工事用の車両を使う場合もあるが、多くの場合は夜間などに、一般の電車の車内にホームドアを載せて取り付ける駅まで運んでいる。
　深夜にすれ違う列車の車内をふと見ると、乗っているのは乗客ではなくホームドア……という不思議な光景も見られるかもしれない。

# ホームのベンチ

## 列車を待つ間にホッとひと息

座る主を待つ木製のベンチ　2015.11.13　野岩鉄道会津鬼怒川線・会津鉄道会津線会津高原尾瀬口

● 「駅ベン」に隠れた秘密

　日ごろ何気なく座っているホームのベンチ。あまり気に留めることもなく使っている設備だが、ちょっと観察してみるとさまざまなタイプがあるのに気付く。最近はリサイクル素材を使ったり、かたちにくふうを凝らしたりしたタイプが登場し、鉄道会社の個性が感じられるようになってきた。

　昔懐かしいのは、木造の長いベンチを壁に作り付けたタイプだ。かつてはローカル線の駅などによく見られたが、今や絶滅危惧種……と思いきや、意外にも都会の大手私鉄の駅にも残っている。東京都の東急電鉄池上線の旗の台駅ホームにあるのがその好例だ。これまで無数の人々が利用してきたであろう座面や背もたれの部分は、表面のニスが擦れて磨かれ、古民具のような木製ならではの風合いを見せている。

　近年まで、とくに都市部では「駅のベンチ」の代表格だったのが、座る部分が個別に分かれ、丸みを帯びたＦＲＰ（強化プラスチック）製のベンチだろう。水色や黄色などのカラフルな数個の椅子を背中合わせにし、中央に広告看板がついた仕切りのあるベンチは全国的におなじみの存在だ。

　このタイプのベンチは昭和30年代に導入が始まっており、東海道新幹線の開業時にはホームに導入された。シンプルながら座りや

❶列車を待つほんのひとときに腰を落ち着けられるのも鉄道の旅の楽しみ　2014.11.12　東武東上線和光市　❷首都圏では珍しくなった木造の駅上屋に設えられた長いベンチ　2013.4.4　西武鉄道新宿線上井草　❸鉄道の廃品をリサイクルした京王京鉄のユニバーサルベンチ　2013.7.25　京王京王線　写真：筆者　❹都営大江戸線飯田橋駅ホームにある個性的なデザインのベンチのひとつ　2016.4.29

すい、滑らかな曲面を描くフォルムが特徴だが、じつはこの形状、椅子をはじめとするインテリアで有名なアメリカのデザイナー、イームズ（Charles Ormond Eames,Jr　1907～1978）が手がけた「シェルチェア」と呼ばれる椅子のデザインが元になっているという。知らず知らずの間に、駅でデザイナーズ家具の座り心地を体験していた、というわけだ。

　最近は環境保護意識の高まりにつれ、リサイクル素材を使ったベンチを導入する例も増えた。代表例は関東の京王電鉄で、使用済みの定期券を再利用したベンチを2000（平成12）年から日本で初めて採用した。1基あたり約1000枚の使用済み定期券が使われ、ほかの廃プラスチックと混ぜて製造されるという。京王は近年、さまざまな利用者に使いやすいよう、座面の高さや形状が異なる3タイプの「ユニバーサルベンチ」も設置しており、ベンチにくふうが見られる鉄道のひとつだ。

　新路線など新しくつくられた駅では、デザインにくふうを凝らした例も多い。好例は東京メトロ副都心線だ。駅ごとに凝ったデザインを施している同線だが、ベンチも例外ではない。アクリル製の透明な椅子に、各駅ごとのデザインコンセプトに合わせた柄を配しており、モダンなホームのなかで良いアクセントになっている。

　最後に「ベンチの仲間」ともいえる変わり種を紹介しよう。一見すると昔ながらの木製ベンチに見えるが、やや高さがある。これは座るためのものではなく、行商人用の荷物置き場だ。関東大震災のあとから高度成長期にかけて、千葉県内から都内へ向かう京成電鉄などの各線は、野菜などを売りに向かう多くの行商人が多く利用していた。これらの人々が駅で背中に背負った荷物を降ろせるように設けられたのがこの台だ。いまも京成線の一部の駅などに存在している。

# 駅の時計

## 誤差は±0秒。定時運転の基準

国鉄時代の「親時計」。東京天文台から標準時報の電波を受けて整正し、各駅にリレーされた　1954.6.9　東京電務区

### ●正確な日本の鉄道運行の基準

　鉄道とは切っても切り離せないのが「時計」だ。正確な運行云々ももちろんだが、そもそも全国で統一した標準時を制定しようという発想自体が、鉄道の発達に伴ってイギリスで生まれた考えだったからだ。それまでは街ごとに時刻が異なってもとくに問題はなかったが、駅によって時間が異なると列車の運行面ではさすがに困ってしまう。そこで、鉄道運行のために地域の時刻を統一した「鉄道時間」が発案された。いまでは誰もが当たり前と思っている、国や地域ごとに統一された時間の考え方は、鉄道がもたらしたものだったのだ。

　余談はさておき、そのような理由もあって駅には昔から時計が欠かせない。駅の時計をモデルにした腕時計や一般向けの掛け時計が発売されていることからも、そのイメージが定着していることがうかがえる。

　かつては白地に黒い文字の文字盤が圧倒的に多かった駅の時計だが、ＪＲ発足後の1990年代から次第にその「色」が変わりはじめてきた。とくにＪＲ東日本のエリアでは、緑色の蛍光色のような文字盤の時計が普及し、その他の私鉄やＪＲ各社にも広まっている。ＪＲ東日本のコーポレートカラーが緑色だから……とも思えるが、オレンジ色の時計もある。なぜ独特の色をしているかというと、その理

❶北陸新幹線飯山駅の2階交流センターに設置されたからくり時計。健御名方富命彦神別神社(たけみなかたとみのみことひこかみわけじんじゃ)に伝わる五束太々神楽がモデルになっている 2014.12.23 ❷時計の針がプロペラのデザインになっている西武鉄道新宿線航空公園駅 2013.4.25 ❸名古屋駅にあった旧JR東海社屋の大時計の文字盤は珍しい24時間制だった 1992.11.10

由は「集光樹脂」だ。

　夜間や地下のホームでも光っているように見える緑色の時計だが、じつは内部に照明などはいっさい入っていない。周囲の光を集めて発光させる特殊な樹脂を文字盤に使用することで、照明がなくても暗い場所での視認性を高めているのだ。時計の1つひとつに照明を組み込むことを考えれば、このタイプの時計の採用は大幅な省エネ化に結びついているだろう。

　複数ある時計の指す時刻が全て同じでズレないことも、駅の時計にとっては重要なポイントだ。以前は駅の時計といえば、事務室などにある「親時計」から信号を送り、子時計を制御するというシステムで時刻を合わせているケースが多かった。もちろん現在も主流ではあるが、最近は必ずしもこのシステムによらず、電波時計や、FM放送の時報を受信して自動で時刻合わせを行なうタイプも増えている。時計自体の駆動もリチウム電池によるものが増えており、集光樹脂を使用したタイプなら照明が不要なこともあって、従来のように配線を行なうことなく取り付けることができるようになってきた。腕時計や壁掛け時計で電波時計を使用している人は多いだろうが、駅の時計もこういったシステムの恩恵を受けているわけだ。

　駅のホームにある時計というとアナログが多いが、デジタル表示を採用している例もある。東京メトロの駅ホームにある時計は、基本的に発車案内と一体化したデジタル表示の時計だ。

　発車案内表示板と一体化していることが多い駅の時計だが、最近はこれらの表示板も大型のLCD(液晶ディスプレイ)などを使ったタイプが多くなった。いずれは、駅の時計もデジタルサイネージの画面上に表示されるのが一般的になるかもしれない。

# 駅名標

## 鉄道会社や線区ごとに個性が光る

日光線活性化プロジェクトの一環でレトロ調にリニューアルされた日光線日光駅の駅名標　2014.5.13

### ● 近年は、個性豊かになっている

「最近の鉄道は昔に比べて面白味がなくなった」といった声を聞くことがある。確かにJRや大手私鉄の通勤型電車をはじめ、車両の基本的なデザインは統一化が進み、以前のような個性を感じられる部分は少なくなってきたかもしれない。だが、昔より確実に個性的になった部分もあろう。

駅名標はそのひとつだ。大手私鉄のコーポレート・アイデンティティ導入などに伴う凝ったデザインへの変化はもちろんだが、JR各社も国鉄時代の白地に黒文字を配したスタイルから、コーポレートカラーを取り入れた各社オリジナルデザインに変化。最近は多言語対応や駅ナンバリングの導入などで、さらにバラエティが増してきている。ここでは、おもにJR旅客各社と大手私鉄の駅名標デザインを見てみよう。

駅名標のスタンダードなデザインといえば、長方形のベースの上に駅名を漢字やひらがなで大きく描き、その下に水平線を配して両隣の駅名を入れたかたちだ。この基本形を踏襲しつつデザインをくふうしている鉄道会社が多いが、かたちそのものが異なるのが関東の京成電鉄と関西の阪急電鉄だ。京成は他社と比べて非常に横長の駅名標を使っており、太い青ラインの中央に自駅名を丸ゴシック体で描いたデザインをここ20年ほど使用してきた。

❶八戸線の駅名標には駅近傍の名所が描かれている。鮫駅はウミネコで有名な蕪島　2013.10.19　❷駅近傍の名所がデザインされた文字がユニークなひたちなか鉄道湊線。中根駅は虎塚古墳、金上駅は陸上自衛隊勝田駐屯地、那珂湊駅は湊機関区だ　2011.7.4　❸遠目に見ると「？」に見える紀勢本線津駅　❹地下駅のイメージを払拭するデザインを取り入れた横浜高速鉄道みなとみらい線の駅名標　2003.12.2（開業前）

　最近は文字やラインを細身にした新デザインが広がりつつあるが、駅名標のかたち自体は基本的に変わっていない。阪急はかたちこそ一般的な長方形に近いが、四隅が角ではなく丸くなっているものが多く見られる。地色も白ではなく紺色だ。

　基本的なスタイルを30年ほど変えておらず、かつスマートなのが京王電鉄だろう。基本的なスタイルが固まったのは1980年代半ば。当初、ラインはエンジ色だったが、90年代初頭に全路線を7つのゾーンに色分けした「ゾーンカラー」を導入した。同一路線でもエリアによって色が異なるのはユニークだったが、現在は電車と同じ赤と青の2色のラインに統一されている。環境対策に熱心な同社らしく、リサイクル素材とＬＥＤ照明を使った駅名標の導入も早かった。

　訪日外国人観光客の増加などに合わせ、鉄道各社が積極的に推進しているのが駅ナンバーだ。駅名標に入る情報が増えるためどうしても見た目がゴチャゴチャした印象になりがちだが、その点をうまく処理しているのが東急電鉄ではないだろうか。東急の現行デザインの駅名標は、自駅名の下に入ったラインと駅ナンバーを上手に組み合わせ、隣の駅の駅ナンバーも表記。自駅名には英・中・韓各言語での表記も入っているものの、情報量の多さの割にスッキリしたデザインだ。

　デザイン的に非常に凝っていると感じさせられるのは京阪電鉄だ。紺色のバックグラウンドに白でラインと文字を描いているが、よく見ると自駅名が描かれている部分の紺色の背景は濃淡のストライプになっているのだ。下には京阪のロゴも入っており、やや凝り過ぎともいえるスタイリッシュな仕上がりだ。

# 駅のサイン類

## 近年はピクトグラムの導入がめだつ

東京メトロ発足3カ月後に導入されたサインシステム。現在は多国語対応も進んでいる　2004.6.25　日比谷線銀座

● 進化するデザイン

　駅名標と並んで年々スタイリッシュなデザインが増えているのが、駅構内で出口やのりばなどを示すサイン類だ。かつては単に文字が描いてあるだけに等しい看板類も見られたが、現在では各鉄道会社のコーポレートカラーなどに合わせたトータルデザインが施され、視認性とデザイン性を競っている。

　サイン類の統一が早くから進んでいた代表格は営団地下鉄（現・東京メトロ）だろう。路線のシンボルマークをラインカラーの円で表し、出口など降車系統は黄色、のりばなどの乗車系統を緑色のカラーに統一した営団のデザインは1973（昭和48）年の大手町駅を皮切りに導入され、1989（平成元）年までに全駅が統一された。営団時代に使われていたフォント（字体）はこのサインのために開発された「ゴシック4550」というフォントで、その後小田急電鉄や京阪電鉄などのサイン類にも使われた。現在は東京メトロ発足後に導入された新デザインに押されて消えつつあるものの、営団時代からのデザインが残る駅もまだ存在する。

　東京メトロのサインシステムは、従来からの電照式の看板やプレートだけでなく、壁や柱などに大きく番線表示やのりかえ案内などをラッピングのように張り付けているのが特徴的だ。日本は一般の建物でも、壁に直接文

❶北陸新幹線金沢駅のフルカラーLED式案内情報表示器　2015.3.14　❷「おり」と書かれた東武鉄道の階段にある表示　2016.4.15　❸JR山手線のホームに設置されている各駅ののりば案内　2016.4.25

　字や絵をペイントするよりも絵や文字を描いた看板、あるいは切抜き文字などを取り付けるのが主流だけに、壁面をそのまま案内にするというスタイルの登場は新鮮だった。

　かつて国鉄からJRに変わったことを首都圏の利用者にとくに印象づけたのは、新宿駅などでの試行を経て1990（平成2）年から本格導入が始まったJR東日本の新しいサイン類のデザインではないだろうか。国鉄時代は「鉄道掲示基準規定」によって黒地に文字を配したデザインが定められていたが、文字サイズや色彩などの細かな部分については定められていなかった。JR東日本の導入したデザインはグレー地にラインカラーを配し、ホームの番線表示などの数字には、フランス・パリのシャルル・ド・ゴール空港の案内表示用として開発されたフォント「フルティガー」を採用。現在は各社で同じフォントが使用されているが、JR東日本の導入は先駆的だった。デザインはその後もブラッシュアップが続いている。

　サイン類の看板自体にも変化が見られる。以前は内部に蛍光灯を内蔵した内照式がほとんどだったが、近年はLEDと導光板を使用した薄型が普及し、蛍光灯よりムラがなく、かつ省エネのサイン類が増えている。

　いつも工事が行なわれているような都市部のターミナル駅ではサイン類がどうしてもわかりにくくなりがちだが、そんな場面で一時期話題を呼んだのがガムテープによる案内表示だ。新宿駅の工事中に誘導を行なっていた警備員の佐藤修悦さんが発案し、ガムテープを貼って文字を描いたことから「修悦体」の呼び名が付いた独特の文字は、工事中の駅だけでなく映画の題字にもなるなど注目を集めた。とくにデザイナーではない人の手によって、手作りで利用者に見やすいサインが生まれたのはなかなか面白いエピソードだ。

# 路面電車の電停

## 街に密着した懐かしの鉄道風景

大分駅から亀川駅を結んでいた大分交通別大線の別院前停留所のひとコマ。高崎山の最寄駅だった　1956.2.20

### ● 単なる安全地帯からのりばへ進化

　以前から「見直されてきている」といわれるいっぽう、枕詞は「懐かしの」「今なお残る」だった路面電車。だが、2006（平成18）年の富山ライトレール開業や2015（平成27）年末の札幌市電ループ化など、21世紀に入ってからは新時代を感じさせる動きが相次いでいる。

　路面電車のメリットのひとつはその「乗りやすさ」。改札口から入場し、階段の昇り降りを経てホームへ入る一般の鉄道よりも、歩道や路上からそのまま乗れる路面電車は気軽な乗り物といえる。その乗り場が停留場、別名「電停」だ。

　路面電車の電停は基本的に道路上にあるが、ここは「安全地帯」とされる。安全地帯とは、道路交通法第2条によると「路面電車に乗降する者若しくは横断している歩行者の安全を図るため道路に設けられた島状の施設又は道路標識及び道路標示により安全地帯であることが示されている道路の部分をいう」と定められている。安全地帯には車両は入ってはならないとされている。

　電停のうち、もっともシンプルなのは単に乗り場となる安全地帯を道路上に表示しただけのスタイルだ。路面電車の軌道は道路の中央に敷設されることが多いため、このスタイルの場合はまさに道路の真ん中に何にも囲まれていない乗り場が存在することになる。上

❶降りしきる雪のなか福武線軌道線区間の福井駅前に停車する福井鉄道200形　1996.1.25　❷上町線住吉停留所に停車中の阪堺電気軌道モ161形171。引退後は近畿車輛に保存されている　1994.11.15　❸はりまや橋停留所を発車する御免町行き土佐電気鉄道（現・とさでん交通）600形　1994.6.28

記の通り安全地帯には車は入ってはいけないのだが、単に道路上に表示があるだけだと、実際に「安全」かどうかは何ともいえない。停留場の標識も近くの電柱に掲示されているだけなど、このスタイルは地元の利用者など、慣れている人以外にはなかなかわかりにくいのが実際のところだ。鉄道線へと直通する急行電車も走っていた名鉄岐阜市内線は2005（平成17）年に廃止されてしまったが、同線の新岐阜駅前駅もこのスタイルだった。

　もっとも一般的なのは、やはり屋根とホームのあるタイプの電停だ。この場合、ホームまでは横断歩道でアクセスできるようになっていることが多いが、歩道橋や地下道で結ばれているケースもある。電停によくある設備として挙げられるのは、次の電車がどの系統かを示す案内表示機だ。路面電車は複数の系統が走っている場合が多いことから、こういった案内システムの有用性は高い。

　最近は、歩道からのアクセスが容易な道路の端を走る軌道（サイドリザベーション）も少しずつ見られるようになってきた。このかたちだと、電停も歩道に寄せて設置できるため、道路中央まで横断することなく停留場にアクセスできる。熊本市電や鹿児島市電では複線の軌道を道路の片側に寄せたかたち（シングルサイドリザベーション）、札幌市電では上下線それぞれを道路の両脇に配置したかたち（デュアルサイドリザベーション）が見られる。

　最近は低床車両が増えたことで、高さの低いホームからもステップなしで乗り込めるようになってきた。いっぽう、都電荒川線のように高床ホームを採用し、以前からステップをなくしていた例もある。最近は全国各地でＬＲＴの建設が計画されているが、新しい路面電車の停留場はどのように進化していくだろうか。

# 自動券売機

## 一見地味にみえる機械のウラ側はハイテクノロジーの固まり

懐かしい国鉄時代の「自動きっぷうりば」シンボルマーク　1968.9.20

● **多機能化への進化と集約**

　磁気カードを改札機にそのまま投入できるストアードフェアシステム、そしてICカード乗車券の普及で、駅の風景もだいぶ変わってきた。とくに変わったのは、なんといっても券売機の台数が減ってきたことだろう。自動改札機もICカード専用が増えてきた現在、券売機もふだんはICカードのチャージ程度しか利用しないという人も多いのではないだろうか。

　現在見られる自動券売機は、硬貨や紙幣を投入して金額のボタンやタッチパネルを押すと、その内容に応じて券面に印刷が行なわれて出てくる仕組みだ。だが、初期の自動券売機は、最初から印刷してあるきっぷを自動的に吐き出すのみの機能だった。現在のような「多能式」と呼ばれる、その都度ロール紙に券面の内容を印刷し、複数の券種に対応できる券売機は、1962（昭和37）年に日本で開発された。ここから日本の優れた自動券売機の歴史が始まったといえる。

　かつての自動券売機は垂直の筐体（きょうたい）で、大人料金とこども料金のボタンが別々に配置されているのが一般的で、紙幣を受け付けないタイプが多かった。現在のように、タッチパネルやボタンのある部分が斜めになったタイプが普及したのは1980年代後半から90年代にかけてのことだ。

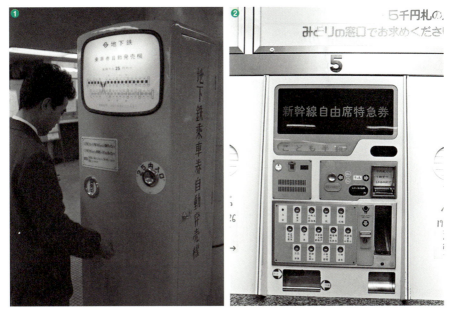

❶営団地下鉄（現・東京メトロ）丸の内線の東京駅に設置された釣銭支払い可能な自動券売機　1960.4.13　❷初めて5000円札・10000円札の高額紙幣に対応した新幹線自由席特急券用の券売機。東京駅の中央口と南口の新幹線乗換口に4台ずつ設置された　1980.11

　「自動券売機」と呼ばれるのは鉄道のきっぷを販売する機械だけでなく、カフェテリアや社員食堂などの食券を販売する機械も同様だ。そのような、一般的には食券を販売するタイプの券売機できっぷを販売している鉄道会社もローカル線を中心に存在する。

　たとえば、かつて近鉄のナローゲージ路線として知られた内部線・八王子線を引き継いだ四日市あすなろう鉄道の駅には、まさに食券販売機そのもののタイプがある。食券券売機のほうが鉄道用の券売機よりも低コストなのだろう。出てくるきっぷも食券のような雰囲気だ。

　ICカードの普及でやや存在感が薄れつつある自動券売機だが、最近は特徴あるデザインや機能のものが登場している。とくに最近ユニークな取組みが見られるのが京急電鉄だ。

　ひとつは同社が全国17の空港に置いている券売機で、2016（平成28）年春に、同社キャラクターの「けいきゅん」をかたどったデザインにリニューアルした。同社が各地の空港に券売機を置いている理由は、羽田空港アクセス鉄道として到着後の利用者を獲得する狙いがある。空港利用者輸送ではライバルの東京モノレールも各地の空港に券売機を設置しているが、京急としては目立つ「けいきゅん」形の券売機でさらにアピールしようということだろうか。

　もうひとつは、タッチパネルへの抗菌シートの試験採用だ。こちらは見た目では分からないが、車内のつり革も抗菌になっている現在のことを考えると、多くの人が触れる券売機のパネルに抗菌処理を施すのは支持されそうだ。券売機も進化を続けている。

# 自動改札機

## 西高東低だった導入時期

旧国鉄本社旧館で初公開された自動改札装置（自動改札機）　1968.7.2

### ● 関西圏で早かった本格導入

　東京や大阪といった大都市圏だけでなく、すでに地方都市でも当たり前となって久しい自動改札機。首都圏でも郊外の路線まで普及したのは1990年代前半だったが、現在20代以下の人々には、大都市のターミナル駅で駅員がカチカチと鋏の音を鳴らしながらきっぷに入鋏していた時代があったとはなかなか信じられないのではないだろうか。

　自動改札の始祖といえるのは、1927（昭和2）年に開業した日本初の地下鉄、東京地下鉄道（現・東京メトロ銀座線）に採用された「ターンスタイル」と呼ばれる回転式の改札機だ。全線均一運賃だったため、コインを入れるとバーが回って改札内に入れるというシンプルな仕組みだった。地下鉄博物館にレプリカがあるほか、海外の地下鉄でもトークン（コイン型の乗車券）を使っている路線では現在も見られる。

　いまにつながるタイプの自動改札機の嚆矢は、1967（昭和42）年に阪急電鉄の北千里駅に導入されたものだ。関西の私鉄ではその後、積極的に自動改札機の導入が進んだが、関東地方では1972（昭和47）年開業の横浜市営地下鉄や1979（昭和54）年開業の北総開発鉄道（現・北総鉄道）などの新規開業路線、大手私鉄では東急電鉄が比較的多く導入したほかはあまり普及していなかった。普及が進んだ

西武鉄道狭山線西武球場前駅の臨時改札口に並ぶ自動改札機　2013.4.18

試験運用のため1972（昭和47）年6月28日に設置された国鉄初の自動改札機　1972.10.2　常磐線柏

のはJR発足後だ。

　現在、国内で自動改札機を製造しているのはオムロン、日本信号、東芝、JR東日本メカトロニクス、JR西日本テクシアの5社。すでに40年超の歴史がある自動改札機だが、そのデザインも少しずつ変化を遂げてきた。もっとも大きく変わった点といえば、かつてはきっぷを投入する筐体の上に手すりのように張り出していたバーがなくなり、全体に高さの低いすっきりしたタイプが主流になったことだ。このバーは「人間検知バー」と呼ばれ、利用者の通過を検知するセンサーが設けられていたが、技術開発の進展によりセンサーを低い位置に移すことが可能になった。

　もうひとつ変わったところといえば、自動改札機本体ではないが、かつては改札機の頭上にあった「〇」「×」などの表示板が消えていったことだ。以前はどの改札機が入場・出場に使用できるかを示すこれらの表示器が頭上に設置されていることが多かったが、現在では改札機の筐体に表示されることからこれらの設備は姿を消してきている。

　近年は、ICカード専用の自動改札機が急速に増えてきている。磁気券に対応した改札機は、きっぷを投入して読取りを行なう部分（搬送部という）が複雑な機構だけに故障もある。ICカード専用機であれば、この部分が不要となるため可動部を減らすことができる。さらに最近は、電車が遅れた際に遅延証明書を自動で発行する自動改札機も登場した。

　変わり種としては、QRコードを使った自動改札機がある。沖縄都市モノレール（ゆいレール）や北九州高速鉄道（北九州モノレール）などで導入されており、紙のきっぷ（普通乗車券）にQRコードを印刷し、改札機の読み取り部分にタッチする仕組みだ。ICカード以外はQRコードの乗車券に統一することで、搬送部をなくすことができるメリットがある。

# 駅の売店

## 通勤でも旅行でも威力を発揮

昭和30年代の国電ホームの売店　1957.3　東京駅

### ●売店からショッピングセンターへ

　アニメソングの文句ではないが「キヨスクは駅の中」が「常識」だった時代は次第に過ぎ去ろうとしているのかもしれない。近年、鉄道の駅で大きく変わりつつあるもののひとつが売店だ。かつての売店のスタイルから小さなコンビニエンスストアへと店舗のかたちが変わり、運営自体もコンビニとの提携によってそのものになりつつあるからだ。

　「駅ナカ」という単語が一般的になったいま、鉄道会社にとっては乗客サービスの向上になり、コンビニチェーンにとっては確実に利用者の見込める駅のなかは、小売業のフロンティアといえる。駅の売店でそれほど買い物はしないよ……という人にとっても、車内販売が縮小傾向にあるいま、特急などの長距離列車を利用する際の食糧確保に便利なのは事実だろう。

　従来から駅売店の呼び名として親しまれている「キヨスク」の愛称が使われるようになったのは1973（昭和48）年。現在はJR各社のグループ会社が運営しているが、じつはJR東日本エリアは「キオスク」だ。

　JR東日本のエリアの人ならおなじみの「ＮｅｗＤａｙｓ（ニューデイズ）」。JR東日本グループのJR東日本リテールネットが運営するコンビニだ。発足は2001（平成13）年。それまで運営会社の違いで2種類あった店舗

近年は弁当や飲料販売専門の売店
もめだつようになった
2010.12.7　東京駅

国鉄時代に無人駅となったあとも地
元の農協が一部の業務を引継ぎ、売
店兼軽食堂も設けられたが現在では
完全な無人駅になっている
1971.3.19　因美線国英駅

を統合して生まれた。少し前までは黄色と赤の目立つロゴだったが、2014（平成26）年冬から黄緑色をベースとしたロゴに変更されている。JR東海エリアでは「ベルマート」、JR西日本エリアでは「Heart・in（ハートイン）」と独自ブランドのコンビニが見られるが、ハートインはセブン＝イレブンとの提携で「セブン-イレブン　Heart・in」に順次転換されていく予定だ。

このように、最近は鉄道会社とコンビニ大手との提携が進んでいる。関東の大手私鉄では、西武鉄道が2007（平成19）年からファミリーマートと提携し、「TOMONY（トモニー）」というブランド名で売店のコンビニ化を推進。オレンジ色の看板が目印となっている。

ほかにも、京成電鉄はファミリーマート、京急電鉄はセブン＝イレブンと提携し、従来の駅売店を置き換えてこれらの店舗が拡大中だ。街中で見慣れたコンビニが駅構内にあることで、おにぎりやパンといった食品類を中心とした商品の充実はもちろんだが、公共料金の支払いなども可能になった点が利用者には支持されているようだ。

ちなみに、京成電鉄が提携しているのはファミマだが、グループ会社の新京成電鉄が提携しているのはセブン＝イレブンだ。新京成は2015（平成27）年、全線開業60周年を記念したカードを発売したが、PASMOではなく電子マネーの「ｎａｎａｃｏ」だった。

ICカード乗車券を含めた電子マネーが普及するいっぽう、売店内の商品すべての金額を覚え、瞬間的におつりを返してくれる店員さんの職人芸ともいえる技は次第に見られなくなりつつある。ちょっと残念だが、これも時代の流れなのだろうか。

# 駅の待合室

## 昔の鉄道旅行では小さなドラマが生まれたことも……

中古客車を使ったスキー客用の無料休憩室　1961.1　花輪線龍ケ森信号場構内

### ● 待合室にある時代性や地域性

　待合室といえば、昔はローカル線の駅のホームに建つ木造の小さな建物や、長距離列車が発着する駅の駅舎内……といったイメージが強かったのではないだろうか。これらの待合室はもちろん現在も存在するが、最近の都市部では冷暖房を完備したガラス張りの待合室がすっかり必需品のようになってきている。夏や冬のホームではありがたい施設だ。

　待合室そのものは鉄道の黎明期からある施設だけに始まりは定かではないが、どちらかといえば長距離列車の走る路線にある施設だった待合室を冷暖房完備の快適な空間とし、都市近郊の鉄道に採用したのは関西のほうが早かったようだ。

　首都圏の鉄道で真っ先に待合室を導入したのは京王電鉄（当時は京王帝都電鉄）で、1990（平成2）年のこと。同年に延伸開業した相模原線の橋本駅などに設置したのを皮切りに、既存の駅にも相次いで冷暖房完備の待合室を設置し、現在では大半の駅ホームに設置されている。同社での採用以降、大手私鉄各社やJRの都市近郊区間の多くの駅で見られる設備になってきた。最近は短期間で設置できるアルミ合金製の軽量構造の待合室も開発され、普及に拍車がかかっている。

　都市部の待合室はおおむね似たような形態のものが多いが、地方の待合室は地域の個性

❶日光線活性化プロジェクトの一環で往時の姿が蘇った日光線日光駅待合室　2014.5.14　❷昭和30年代に新設された鹿児島本線博多駅の2等待合室　1958.7　❸こちらも昭和30年代の東京駅1・2等乗客待合室　1955

　が生きたデザインや、古くから残る豪華な内装を誇っているところも多い。たとえばJR日光線の日光駅には、かつて存在した1等客専用の待合室が、現在も「ホワイトルーム」というスペースとして開放されている。現在では玄関口としての役割を東武日光駅に譲った感もある同駅だが、天井にはシャンデリアが下がり、大きな窓にはカーテンがかかった優雅なインテリアは、かつて貴人や外国人観光客で賑わった時代の栄華を感じさせる。

　地方色豊かな待合室としては、新しいところでは北陸新幹線の金沢駅が特徴的だ。同駅はアメリカの旅行雑誌で「世界で最も美しい駅」の1つに選ばれた駅。新幹線の待合室は壁面に石川県産のヒバ材を使っており、壁に開いた丸い穴の中には、九谷焼や輪島塗、加賀友禅や山中漆器といった加賀の伝統工芸品が展示されている。中2階にある待合室のほか、ホーム上にある待合室にも同様の仕掛けがあり、じつに全236点の作品が展示されているという凝りようだ。

　畳敷きの待合室もある。新潟県の第三セクター鉄道、北越急行の美佐島駅はホームが地下にあり、北陸新幹線開業以前に特急「はくたか」が走っていた頃は通過列車が起こすすさまじい風圧のために、列車が停車する時以外はホームに出られない駅として知られたところだ。駅舎は地上にあり、待合室は畳敷きで、建物も一見民家や集会所のようだ。JR大糸線の南小谷駅待合室も、片隅に畳敷きのスペースがあり、冬場はコタツがあることで知られる。ローカル線の駅はどうしても待ち時間が長くなりがちなだけに、ちょっと嬉しくなる配慮だ。

# 跨線橋と構内踏切と地下道

## ホームとホームどうやって渡る？

1911（明治44）年製の日光線鶴田駅跨線橋は2009（平成21）年に近代化遺産に指定された　2014.5.14

### ●懐かしの風景も、近未来的な風景も

　いまでは都市部だけでなく、ローカル線でも橋上駅舎が増えてきているが、駅舎とホーム、あるいはホームとホームの間をどのようにして結んでいるかは、観察してみると意外と面白いポイントだ。鉄道会社による個性が現れており、なかには「ホーム間の行き来ができない駅」というのも存在する。

　地上にある駅の場合、駅舎とホーム、またはホームとホームの間を結ぶ方法としては、踏切、跨線橋、地下道が考えられる。現在の主流といえるのは跨線橋だろう。基本的には屋根の付いた構造の跨線橋が多いが、ローカル線では道路の横断歩道橋と似たような屋根のないタイプ、または屋根はあるものの木造の古めかしいスタイルの跨線橋に稀にお目にかかることができる。いまはもう廃止されてしまったが、長野電鉄屋代線の屋代駅ホームへと続く跨線橋は木造のトラス構造の古めかしいかたちで、いかにもローカル線のホームへ続く跨線橋らしく味わい深いものがあった。

　跨線橋に対し、地下道は駅全体の見た目がスッキリするというメリットがある。関東で、跨線橋ではなく地下道を多く採用していたのが京王電鉄だ。京王線の駅は、かつては跨線橋によってホーム間を連絡している駅は少な

❶駅本屋からホームに渡るために必ず構内踏切を渡らなければならない例　2013.10.13　鶴見線安善 ❷線路の向こう側がすぐ運河になっている　鶴見線新芝浦　2013.10.13 ❸私鉄には比較的構内踏切が残っている　2013.4.25 西武鉄道多摩湖線一橋学園 ❹昭和20年代後半、新宿駅中央地下通路で新宿駅24時10分発松本行きを待つお盆帰省の旅客に氷水をサービスする駅員　1953.8

く、その多くが地下道による連絡で、橋上駅舎も少なく、駅事務室や改札自体が地下にあるケースも多数見られた。だが、近年は跨線橋によってホーム間を連絡している駅が増え、橋上駅舎も同様に増加した。

　その理由はバリアフリー化だ。エスカレーターやエレベーターを新たに設置する場合、地下よりも地上に建設するほうが時間的にもコスト的にも優れている。このため、同線では近年になってエレベーターを備えた跨線橋の新設や橋上駅舎化が進展した。ユニークなのは、地下道は階段による通路としてそのまゝとし、跨線橋はエレベーター専用になっている駅があることだ。

　ホーム間を踏切で結ぶ、いわゆる「構内踏切」はだいぶ減ってきているものの、首都圏の大手私鉄でもまだ見られる駅はいくつかある。とくに多いのは西武鉄道の支線だ。多摩川線や多摩湖線など都心から近いエリアにも構内踏切のある駅が存在し、ちょっとのどかなムードを味わえる。

　構内踏切は地下道や大半の跨線橋と異なり、雨の際にはどうしても濡れてしまうという欠点があるが、西武の一部の駅では構内踏切の部分に、架線をまたぐ高い位置に屋根を設けている例がある。利用者にとっては、雨の日にはありがたい配慮だ。

　構内踏切が減ってきたのは、列車本数の増加などによる安全面での配慮が理由だが、踏切を廃止して複線の相対式ホームそれぞれに改札口を設け、ホーム間を結ぶ通路をなくしてしまった駅もある。東急多摩川線の各駅などがその例だ。地下鉄でも、たとえば東京メトロ銀座線の稲荷町駅や末広町駅などは、現在、ホーム間を結ぶ通路がない。乗り間違えた時は厄介だが、コンコースなどを経由するより直接ホームに入れるほうが便利なのもこれまた事実だ。

# 無人駅の施設

## 人が居る無人駅、人の居ない無人駅

無人駅を改造して1988（昭和63）年から民宿「駅の宿ひらふ」がオープン　1988.8　函館本線比羅夫

### ●一部ではハイテク化も進む

　地方ローカル線では当たり前の存在である無人駅。簡単な屋根とベンチ以外に何もないホーム、あるいはかつて有人駅だった時代の駅舎が残る……といったイメージが強いが、近代化も進んでいる。

　無人駅の自動化、機械化というと、よく見られるのが乗車駅証明書発行機と呼ばれる、どの駅から列車に乗ったかを証明するための整理券発行機だ。これは以前から見られた設備だが、最近はむしろ自動券売機や自動改札機の設置、さらには自動改札機を通れないきっぷであっても、カメラを用いて券面を読み取り、管理駅の駅員が操作を行なうといっ

た、遠隔操作による駅集中管理システムを導入した路線が増えている。

　大規模に導入している鉄道としては、名古屋鉄道が挙げられる。同社の路線にはローカル区間も多いため無人駅があるが、以前は車掌が車内を忙しく回ってきっぷを発売していた。だが、自動券売機と自動改札機の設置、さらにカメラやインターホンを使用した遠隔操作の精算システムの整備により、その必要もなくなっている。のんびりしたローカル線のイメージがある無人駅だが、実際にはテクノロジーの発展によって姿を変えてきているわけだ。

　名鉄のような大手私鉄だけでなく、たとえ

❶駅事務所の建物は残っているが無人。乗車駅証明書をとって車内で清算する　2013.1.6　福島交通飯坂線岩代清水
❷駅舎内に乗車駅証明書発行機とPASMOの簡易改札機が設置された無人駅　2014.11.23　東武鉄道桐生線三枚橋
❸秘境駅の待合室に案山子の親子が近隣のボランティアによって置かれたもの　2015.4.12　土讃線坪尻　❹駅舎も何もないホームと跨線橋だけの駅　2014.10.7　東武鉄道日光線家中

　ば数少ないナローゲージ鉄道として知られる三岐鉄道北勢線でもこのようなシステムが導入されている。同線はもともと近鉄の路線だったが、2003（平成15）年から近隣の三岐鉄道が運営を引き継いだ。その後に駅の統廃合などが進められ、さらに無人駅の機器類も自動化が進められた。コトコトと田園を走るナローゲージの鉄道にもハイテクが活かされている。

　ICカード乗車券の普及も、無人駅の様子に変化をもたらしたひとつの要因だ。たとえばJR相模線や八高線など、「Suica」の使える区間の無人駅には、ICカードをタッチするだけでゲートのない簡易改札機が設けられている。非接触ICカードの場合、磁気券の自動改札機のようにカードを読み込む搬送部分が必要ないため、このような簡易な機械で対応できるようになったわけだ。

　都市郊外だけでなく、都市部でも無人駅は存在する。無人運転の新交通システムの場合、駅も基本的には無人の場合が多い。そういった場所では、都市部の無人化された駅ならではと思える設備もある。荒川区や足立区を走る日暮里・舎人ライナーの駅で見かけたのは「振替乗車票」の発行機だ。電車が何らかのトラブルでストップするとほかの路線や交通機関への振替輸送が行なわれるが、これに対応したシステムで、改札内に設置されている。もし同線がストップした場合、いったん手持ちの乗車券で改札内に入って振替乗車票を機械で発行し、再度改札外に出るという仕組みだ。ICカード乗車券の場合は振替乗車票の発行後にそのまま改札機を出られるが、紙の乗車券の場合はインターホンで係員に連絡するよう注意書きがあった。

　世界でも有数の自動販売機が普及している国、日本。無人駅も自動化のテクノロジーで、今後もどんどん姿を変えていくのだろうか。

# 各地に残る古レール

## 鉄道関連施設には黎明期のレールも見つかる

仙電工仙台電気工事所第6号倉庫（当時）の鉄骨が、英国製の輸入第1号のレールであることがわかった　1976.5.4

● **線路端の柵やホームの柱をよく見ると**

　非常に高品質な鉄でつくられている鉄道のレール。実際に列車が走るための用途としては摩耗などで使えなくなっても、その丈夫さと品質の高さは生きている。そこで、建材などとしてあちこちに使用されているのが古レールだ。鉄道沿線の柵が古レールの支柱でできていることがよくある。

　だが、古レールの使用例として観察しやすく、昔から研究されているのはやはりホームの上屋を支える柱だろう。近年、この分野は街中に残る産業遺産として脚光を浴びるようになっており、新聞記事や街歩き系のメディアで取り上げられることも増えている。

　古レールの支柱といえば、首都圏でとくに有名なのが西武鉄道豊島線の豊島園駅だろう。このホームにある上屋を支えている柱は明治時代〜昭和初期に輸入されたレールの宝庫だ。西武はもともと池袋線の多くの駅でホーム上屋の柱に古レールが使われていたが、駅改良や高架化などで見られる場所が限られてきたこともあり、大規模改良などが行なわれていない豊島園駅が脚光を浴びることになった。

　歴史を重ねて厚塗りされたペイントによって刻印が読み辛い部分もあるものの、最古のレールは1番線側の上屋を支える英国のメーカー、バーロウ（BARROW STEEL）の1893年製。その他にも、ポーランドのクロレフスカ・

❶左ページの古レールを別角度から。1881（明治14）年から10年間に製造されたことを示す刻銘が見えている　1976.5.4　❷西武鉄道池袋線東長崎駅でオブジェとして利用されている古レール　2013.10.27　写真：筆者　❸西武鉄道新宿線新井薬師前駅近くの線路の境界柵に再利用された古レール　2013.4.4

フータ（KROLHUTA）1897年製など、現在となっては珍しいレールが各種使われている。

　古レールをこれから観察してみよう、という人におすすめなのが、西武池袋線の中村橋駅だ。ここはすでに高架化されているが、かつて支柱として使用されていた古レールがモニュメントとして同駅北口の高架線沿いに美しく整備され、街路灯として保存されているのだ。街路灯に使われている古レールは刻印の部分が目立つよう金色で塗装されているほか、各レールごとにメーカー名や刻印の意味などを解説する説明板が設けられており、古レール探訪にはヒントになるに違いない。

　このほか、JR横須賀線の横須賀駅も上屋を支える柱に古レールが使用されており、貴重なものには看板も設置されている。代表的なのは、「UNION D 1885 N.T.K」と刻印された、1885（明治18）年にドイツ・ウニオン社で製造されたレールだ。「N.T.K」は、現在の

東北本線や常磐線をはじめとする東日本・東北各地の路線を運営していた私鉄、日本鉄道を表す刻印だ。

　古レールは最近産業遺産の観点でも注目を集めているだけに、各地の駅で看板の設置や保存が見られるようになってきた。最寄り駅にもあるかもしれない。

　刻印にはさまざまな意味があるが、現在使われているレールの刻印の意味は70ページ「レール」の項で紹介している。もっとも簡単に観察できるのは年号。次いでメーカー名だ。輸入品は海外のメーカー名が入っているが、上下左右に4つの突起がある丸の中にSの文字が入っているのは八幡製鉄所製だ。同製鉄所は1901（明治34）年に操業を開始。日本で初めてレールを製造した製鉄所で、JR中央線の高尾駅には「1902」の刻印のある八幡製鉄所製の古レールが残っており、現存するなかでは国産最古と思われる。

# ドアカットする駅

## 慌てるなかれ「この車両はドアが開きません」

ホームの前後が踏切のため絶対になくなることはない東京急行電鉄大井町線九品仏駅のドアカット措置　2013.2.10

● 数は減らしたがいまも健在

　かつては首都圏でもいくつも見られたものの、近年あまり見られなくなったのが「ドアの開かない駅」。いわゆる「ドアカット」だ。

　ドアカットとは、停まる列車に対してホームの長さが足りない場合、一部の車両のドアを締切り扱いとすること。昔は短い編成で間に合っていたのが、次第に利用者が増えるにつれて列車編成が伸び、施設が追いつかなくなった……というわけだ。とくに、両端が踏切に挟まれている駅ではホームの延伸が出来ないため、踏切の移設や立体交差化などを行なわない限りはドア締切り扱いを取らざるを得ない。

　いまも東京都心で見られるドアカットといえば、東急大井町線の九品仏駅だ。島式ホーム1面2線の駅だが、両端が踏切に挟まれているためホームの延伸ができず、長さは4両分に留まっている。同線の各駅停車は5両編成のため、二子玉川寄りの1両はドアを開けずにホームからはみ出して停車するのだ。

　ちなみに、二子玉川寄りの踏切を挟んだ部分には小さいホームのような木製の台がある。これは、最後尾の車両がホームからはみ出して停車した際に、車掌が安全確認を行なうための場所。ホーム監視用のモニターもしっかり設置されている。二子玉川方面行きの場合は最後尾車両がホームにかかるため問題ない。

❶横須賀線田浦駅はホーム両端をトンネルに挟まれており11両編成では先頭車と2両めの扉の1つが締切になる　2016.4.15　❷東武鉄道浅草駅は1番線を発車する8両編成と2番線に発車する列車はとうきょうスカイツリー寄りの2両が締切になる　2016.4.15　❸江ノ島電鉄腰越駅はホーム両端に踏切があり4両編成では鎌倉寄り1両が締切になる　2016.4.15　❹久留里線下郡駅はホーム有効長が2両編成分のため3両編成以上では後ろ寄りが締切　1958.8

　東急電鉄ではかつて同じ大井町線の戸越公園駅もドアカットを行なっていたが、こちらはホームの延伸によって解消された。

　ホームの長さは足りているものの、カーブが急で車両とホームの隙間が大きく開いてしまうためにドアカットを行なっているのが東武伊勢崎線（東武スカイツリーライン）の浅草駅だ。同駅は発車直後にほぼ直角に近い急カーブを経て隅田川を渡るという厳しい立地条件にあり、駅ビルの2階にあるホーム先端はすでにかなりカーブしている。そこで、同駅に停車する8両編成と6両編成の通勤電車は、とうきょうスカイツリー駅寄りの2両のドアを締切り扱いとしている。ちなみに、特急などの場合はドアとホームの間に渡り板をかけるため、ドアカットは行なっていない。

　ドアカットというと車両単位で行なうことが多いが、1両すべてのドアに加えて2両め の久里浜寄りの1つのドアも締切りとしているのがJR横須賀線の田浦駅だ。同駅は両端をトンネルに挟まれているためホームが10両分以上延伸できず、11両編成の電車はドアカットを行なう。かつて横須賀線が3ドアの113系だった際には先頭車のみ締切りとしていたが、現在走っているE217系は片側4ドアのため、2両目の最初のドアがホーム端ギリギリの位置となってしまうためだ。

　いまではホームの改築によって見られなくなったが、非常にユニークな存在だったのが箱根登山鉄道の風祭駅でのドアカットだ。同駅には小田急線からの乗入れ電車が停車するが、ホームの長さは小型の箱根登山鉄道の電車3両分しかなかったため、小田急の6両編成・4両編成の電車の場合は非常コックを使い、先頭車のドアを駅員や車掌が手動で開けるという光景が日常的に見られた。

# 車止め

## 終端駅のシンボル的な装置

ドイツRAWIE社の油圧式緩衝装置付車止め　2014.7.15　京浜急行電鉄本線浦賀

### ●この先へは進めません

　引上げ線や留置線などがある駅の周辺を散策してみると、意外なところまで線路が延びていて、住宅地のなかにひょっこりと電車が顔を出しているのに驚くことがある。このような留置線などをはじめ、ターミナル駅など線路の行止まりに必ず設けられているのが「車止め」だ。

　車止めにもさまざまなタイプがあり、第1種から第4種までしっかりと分類がある。第1種は単にバラストを盛り上げて標識を建てたタイプ。人家に面していない車庫や、あまり本数の多くない路線、あるいは本来の停止位置から軌道の終端部まで距離がある終点などで見られる。千葉県の京成千原線の終点、ちはら台駅は、もともと延伸計画のある駅のため、線路はホームのだいぶ先まで伸びており、終端部はバラストを盛り上げてある。

　第2種は、線路をやぐらのように組んだかたちの車止めだ。車庫をはじめ終端駅まで、もっとも多くの場所で見られるタイプだろう。第3種はレールの端をグニャリと山形に折り曲げているタイプ。これはどちらかといえば簡易型で、終端駅というよりは引込み線の末端部などに見られるタイプだ。

　第4種はこれらより大がかりな装置で、コンクリートの壁を終端部に設けたかたち。「制走堤」とも呼ばれ、その名のとおりオー

❶新幹線のスカート形状に合わせた日本車輌製緩衝装置付き車止め　2013.9.29　東海道新幹線東京　❷西武鉄道池袋駅では車止標識がダンパーの背後に設けられている　2013.4.5　❸上野駅地平ホーム13〜17番線では、通路から装置が間近に見られる　1993.7.26

バーランを防ぐための堤になっているわけだ。一般の道路や人家に近い車庫、あるいは終端駅などに使われるが、面白い例としてはホームの中間に当たる位置に制走堤を設けて線路を分断し、同一ホームを前後に分けて使っている駅もある。たとえばＪＲ長野駅の３・４番ホームは、同じホームの篠ノ井寄りをしなの鉄道が使用する３番ホーム、豊野寄りを飯山線が使用する４番ホームとして使っており、制走堤を設けて分断している。

都市部の大手私鉄のターミナル駅などでは、さらに大がかりな「緩衝式」と呼ばれる車止めが見られる。油圧ダンパーなどを備えたバンパーによって万が一オーバーランした場合にも列車の衝撃を吸収し、ホームや建物、車両を守る仕組みだ。緩衝式でも、線路の上にバンパーが載っているタイプと、両側の壁から支えられているタイプがある。バンパーの部分には車両前面の連結器を受け止めるスペースがあるのが一般的だ。

緩衝式の車止めはよく見ると銘板が付いており、新幹線などの車両メーカーとしておなじみの日本車輌製造や、信号機器などで知られる京三製作所などの名前が見られる。

最近は海外メーカーが製造した緩衝式車止めも増えており、たとえば小田急線の新宿駅では、ドイツのRawie社製の車止めが使用されている。同社の製造した車止め（バッファーストップ）はレールを挟み込んでブレーキをかけるようにして衝撃を吸収する構造で、ドイツ鉄道をはじめ世界中で使用されており、国内では小田急のほか西武鉄道、京浜急行電鉄などで使用されているという。

日本国内でヨーロッパの鉄道技術が使用されている分野というと、線路のバラストを補正するマルチプルタイタンパーなどの保線機械がおもなところだが、こんなところにもヨーロッパの鉄道技術が進出している。

# 列車に乗って見かけるモノ

## ～レイルファン的な車窓の愉しみ～

カーブ／勾配／複々線／トンネル／高架橋／鉄橋／駅の線路配線／車両基地の線路配線／不思議な車両たち

# カーブ

## ただ曲っているだけではない、曲線区間の緻密な構造

カーブに差し掛かるDD54形ディーゼル機関車牽引の普通列車　1972.6.10　伯備線布原信号場（現・布原）付近

### ● 鉄道風景のハイライトのひとつ

　鉄道写真を撮る人にとっては、雄大なカーブは絶好の撮影地だ。車体を傾かせて走ってくる列車は迫力があり、しかも列車の正面と側面を同時に写し撮れる。だが、鉄道側にとってみればスピードアップの妨げになる厄介な場所であることも事実だ。とはいえ、都市部では人口密集地をすり抜け、郊外や地方では山あり谷ありの地形を走らなければならない日本の鉄道では、カーブは避けて通れない。

　高速道路のカーブで標識に「R400（半径400m）」とあれば、これは急カーブだな、と思うだろう。鉄道でははたしてどの程度の

カーブが「急カーブ」といわれるのだろうか。判断は難しいところだが、脱線防止ガードレールの設置基準で見てみると、国土交通省が設置を義務づけているのは半径200m以下のカーブだ。実際には半径200mのカーブというとなかなか存在しない急カーブで、東京近傍の人なら小田急線の代々木八幡駅付近のカーブがこの程度といえばピンと来るかもしれない。電車とホームの間が大きく開いており、移設が計画されているJR中央緩行線の飯田橋駅は半径300mで、このあたりはじゅうぶん急カーブと呼べるレベルだ。

　国内の鉄道の最急カーブは、愛知県の豊橋鉄道の市内線（路面電車）、井原～運動公園

❶ 連続立体交差化が完成すると姿を消すカーブしたホーム 2013.4.4　❷ 報道公開された西武鉄道新宿線新井薬師前
車両乗り上がり脱線の原理解明のための急曲線軌道試験 2001.9.14　鉄道総合技術研究所　❸ 山陽新幹線新大阪駅と
六甲トンネルの間に存在する半径1000mの急カーブ 1971.12.1

前間にある半径11m。運動公園前に向かう支線が分岐した部分にあり、カーブを曲がっているところを見ると台車が思い切り首を振っているのがはっきりとわかる。豊鉄の市内線には３車体連接の最新式低床車Ｔ1000形が走っているが、あまりにも急カーブなこの区間には乗り入れができない。

　一般の鉄道では、箱根登山鉄道にある半径30mがもっとも急だ。箱根登山鉄道は最大で３両編成の電車が走っているが、通常は車両間の行き来ができない構造となっているのは、急カーブが多いため連結部が大きく曲がってしまうから。また線路に水を撒きながら走っているのも、急カーブでのレールの摩耗を防ぐためだ。

　ＪＲで最も急なカーブはちょっと意外なところにあり、相模線の茅ケ崎～北茅ケ崎間にある半径107mのカーブ。ここを走っている

のは20m級車体の205系500番代電車なので、通過する様子はなかなか迫力がある。

　このようにカーブの存在はどうしても高速走行の妨げとなる。新幹線が極力カーブを排除したのは当然で、東海道新幹線はカーブの最小半径2500mを基本として設計されたが、その後の新幹線ではさらにカーブを緩くしている。だが、線路を直線的に敷いたはずの山陽新幹線においても、福山駅付近に半径3500mの通称「福山カーブ」が存在し、かつての食堂車の従業員は、このカーブの通過前までに積んだ皿は片付けていたという。山陽新幹線以降に開業した新幹線は最小半径4000mで設計されている。

　カーブの半径は、じつは線路際に設置されている曲線標でわかるのだが、こちらについては76ページ「線路脇のさまざまな標識」の項をご覧いただきたい。

# 勾配

## 鉄道が苦手な線形をいかに克服してきたか

長島ダム〜アプトいちしろ間の日本最急勾配90‰を通過するＥＤ90形　1990.10.1　大井川鐵道井川線

### ● 日本の鉄道急勾配区間

　登山鉄道を毎日利用しているのでもない限り、電車に乗っていて「勾配」を意識することは、せいぜい地下鉄が地上に出る区間か、高架線に駆け上っていく区間くらいだろう。これは、鉄道が基本的に勾配を避けて建設されてきたからだ。勾配に対する弱さは、鉄のレールの上を鉄の車輪で走る鉄道というシステムの宿命的な弱点でもある。

　日本の鉄道では、おおむね25‰を超える区間が急勾配とされてきた。25‰とは、1000m進む間に25m高くなる勾配のこと。100mだと2.5mということになり、道路の表現では2.5％になる。自転車だとちょっと疲れるかもしれないが、自動車なら苦も無く上れる勾配だ。地下鉄だと30‰台の勾配も登場し、東京メトロでもっとも急な勾配は副都心線の東新宿〜新宿三丁目間の40‰だ。

　日本の鉄道の最急勾配は、静岡県を走る大井川鐵道井川線に存在する90‰だ。この区間では、2本のレールの中央に歯を刻んだ3本めのレール（ラックレール）を敷き、機関車に取り付けた歯車をこれに噛み合わせて走行する「アプト式」を採用している。つまり、このレベルを超える勾配だと、鉄のレールの上を鉄の車輪で走る一般的な方式だけでは上りきれない可能性があるわけだ。

　それでは、一般的な方式の鉄道（粘着式鉄

❶かつて国鉄（のちJR）の最急勾配66.7‰があった信越本線横川〜軽井沢間（現・廃止）　1993.4.6　❷高架線ホームの壁に貼られた"省スペース型"勾配標　2013.8.31　京王京王線分倍河原　❸粘着運転方式での日本最急勾配は80‰　1981.2.26　箱根登山鉄道鉄道線出山信号場

道とも呼ぶ）の最急勾配はどこにあるかというと、神奈川県を走る箱根登山鉄道の80‰がもっとも急勾配として知られる。箱根登山鉄道では、小田急電鉄の車両が走る小田原〜箱根湯本間を「平坦線」と呼ぶそうだが、この区間も40‰の勾配があり、ほかの鉄道から見ればじゅうぶんに急勾配区間だ。

　JRの最急勾配は、かつては信越本線の横川〜軽井沢間にあった碓氷峠の66.7‰で、この区間では補機専用のEF63形電気機関車を連結していたことでよく知られていた。残念ながら、長野新幹線（現在は北陸新幹線）の開業に伴って1997（平成9）年に廃止されてしまった。では現在はどこにあるのかというと、長野県、静岡県、愛知県を結ぶ飯田線の赤木〜沢渡間にある40‰だ。

　勾配を克服する方法のひとつが「リニアモーター駆動」だ。リニアというと500km/hを超える高速運転を行なう磁気浮上式鉄道ばかりを連想しがちだが、東京の都営地下鉄大江戸線、横浜の市営地下鉄グリーンライン、大阪の市営地下鉄鶴見緑地線、仙台市営地下鉄東西線などは、一般的な車輪とレールを使い、推進力にリニアモーターを使用している。このリニアモーター式鉄道は、車輪を駆動して走るシステムではないため、車輪の空転がないことから勾配に強い。仙台市営地下鉄東西線には57‰の勾配区間が存在している。

　ところで、電車の運転士の立場からいうと、勾配で気を遣うのは下りなのだそうだ。それはもちろん、列車がスピードオーバーにならないよう、デリケートなブレーキ操作が求められるからだ。

# 複々線

## 大都市ならではの鉄道風景

今から60年程前に京浜東北線・山手線を分離し複々線化が完成した　1956.11.12　秋葉原駅付近

● 鉄道版片側二車線

　大都市圏の鉄道で見られる「複々線」。首都圏や京阪神地区では、国鉄（JR）の主要路線で、戦前からおおむね1970年代にかけて工事が進み、大手民鉄でも京阪電鉄や東武鉄道が早いうちから積極的に推進。21世紀に入ってからも各地で複々線区間が増えている。

　複々線区間では線路が4本あるため、各線にホームを設けようとすると必然的に2面以上のホームが必要になるが、1面2線の島式ホームに立つと、ホームの両側ともに同一方向の列車が発着する駅と、上下それぞれの列車が発着する駅の2通りあることに気付く。

　両者の違いは、複々線化（線増）する際の設計思想に起因しているのだ。

　道路の場合では、一般道であっても、自動車専用道路であっても、片方向を束にして「走行車線」と「追越車線」に分けるのが普通だ。鉄道の場合は、この方式を「方向別複々線」と呼び、小駅を通過する列車が走る「急行線」と、各駅停車が走る「緩行（かんこう）線」に分ける。1面のホームから同一方向に列車が発着する駅の路線がそれに当てはまり、緩行線の列車しか停まらない駅には、急行線にホームを設けないことも多い。

　対して、1面のホームから上下それぞれの列車が発着する駅の路線は、系統の異なる複線が並列に延びる形態を採る。そして、この

❶鹿児島本線の複々線改良工事は昭和40年代に進められた　戸畑　1965.8.11　❷中央本線高円寺〜阿佐ケ谷間の複々線高架工事　1962.8.31　❸営団（現・東京メトロ）千代田線との相互乗入れに向けた複々線化工事の記録　1977.9.16　小田急電鉄小田原線代々木上原付近　❹都市圏の私鉄ではターミナル側の複々線化が進む　2013.5.18　小田急小田原線狛江　写真：池口英司

方式を「線路別複々線」と呼ぶ。

　ほぼ全線が複々線の山手線を例にとると、田町〜田端間が方向別、田端〜大崎間が線路別ということになる。前者区間では、快速運転を行なう京浜東北線と緩急で分け、後者区間では埼京線や湘南新宿ラインといった、利用目的がまったく異なる路線で分けている。

　もちろん例外もある。たとえば、中央線の御茶ノ水〜三鷹間は快速対各駅停車でありながら線路別になっていて、四ツ谷や新宿での双方の乗換えは大変わずらわしい。だが、御茶ノ水駅構内に限って方向別にして乗換えの便宜を図ったり、新宿では緩行線と山手線が同一方向、同一ホームで乗換えができるなど、それなりにくふうが凝らされている。

　また、方向別複々線の場合は「急行線と緩行線を内側、外側どちらに持ってくるか」という違いがある。

　日本一長い複々線区間とされるJR西日本の草津〜西明石（方向別は新長田）間をみると、外側が急行線、内側が緩行線となっている。これには理由があり、緩行線を走る普通電車には高槻などの途中駅で折返す電車が頻繁に設定されており、本線を跨いで折返すことがないようにという配慮からこのような配置になっている。関東では東武鉄道伊勢崎線や西武鉄道池袋線も同様の形態だ。この方式だと、ホームは島式1面で済むというメリットがあるが、島式ホームの前後にカーブができてしまうのがデメリットだ。

　対して、小田急電鉄や京阪電鉄では内側線を急行線とし、緩行線しか停まらない駅のホームを外側に配置している。こちらは急行線がストレートな線形となるが、ホームは2面必要になる。小田急は伝統的に本線は直線となるよう、待避駅以外では原則的に島式ホームをつくらない鉄道だが、その思想がここにも表れているといえそうだ。

# トンネル

## 完成してしまうと人々の目から隠れてしまう運命

戦前の弾丸列車計画ですでに着工されていたトンネルを流用した東海道新幹線の新丹那隧道　1961.2　函南口工区

● 国境の長いトンネルを抜けると……

　鉄道の旅に変化をつけてくれるのがトンネルの存在。トンネルは山国である日本の鉄道の風景には欠かせない要素だ。

　日本で初めて掘られた鉄道トンネルは山を貫くためではなかった。国内初のトンネルは東海道本線の住吉～灘（現在は六甲道）間に設けられていた石屋川トンネルで、天井川の下に設けられたのが最初だ。

　現存する最古の鉄道トンネルは、東海道本線の横浜～戸塚間にある清水谷戸トンネル（上り線）で、延長は214m。東海道本線の建設に際して掘削され、完成したのは1887（明治20）年というからすでに130年近い歴史を誇る。トンネルの入口であるポータルはレンガ積みで、いかにも歴史ある建造物の雰囲気だ。トンネルの前後には10‰の勾配があり、現代の水準からみれば短いこのトンネルも、サミットを越えるために、やむなく設けられたものであることが窺える。

　トンネルといえば、都市部では地下鉄の存在も見過ごせない。地下鉄トンネルの工法は、大まかに分けて地上から掘削したのちに上部を埋め戻して覆う開削工法と、地中をシールドマシンで掘り抜いていくシールド工法に分けられるが、この違いはトンネルの形や内壁を見ればわかる。シールドマシンは基本的に円形のため、トンネル断面が円形となるほか、

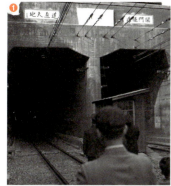

❶戦時中に完成した関門トンネル開通10周年記念扁額の除幕式のようす　1953.4.9　関門隧道門司側坑口　❷国鉄時代、東京外環状線計画の一環として川崎市塩浜から水底トンネルで羽田空港地下を通り、現在の東京貨物ターミナルを経由する路線が建設され、多摩川河底横断部はわが国初の本格的な沈埋函（ちんまいかん）工法を採用した　1969.3.5　川崎市塩浜付近　❸マイテ58を最後尾に丹那隧道に進入する特急「はと」　1959.4.7.　東海道本線函南〜熱海

シールド工法によってつくられたトンネルは「セグメント」と呼ばれる部品を組み付けてトンネルを構築していくため、壁面に特徴がある。現在では円形だけでなく、円を押しつぶしたような形の「複合円形断面」と呼ばれる形のトンネルもシールド工法で掘ることができるようになっている。

山岳トンネルで現在の主流となっているのは「NATM（ナトム）工法」だ。トンネルを掘削したあとすぐにコンクリートを壁面に打って固め、ロックボルトと呼ばれるボルトを岩盤に打ち付けて保持する工法で、1960年代にオーストリアで開発された。地下鉄でも使用例があり、よく知られているのは横浜市営地下鉄の三ツ沢上町駅。柱のいっさいない、美しいアーチを描くトンネルを見ることができる。

現代の最先端と目されているもののひとつが「SENS（センス）工法」だ。これはシールド工法とNATM工法の長所を掛け合わせた方式で、シールドマシンで掘削を進めると同時にコンクリートを吹き付けてトンネルを構築していく方式だ。最初に導入されたのは2010（平成22）年に完成した東北新幹線の三本木原トンネルだ。現在建設が進められている相模鉄道の「相鉄・JR直通線」のトンネルにもこの工法が採用された。シールドトンネルと同様に円形の断面だが、内壁はセグメントでなくすっきりした仕上がりとなっているのが特徴だ。

車窓風景という言葉とは縁遠い存在にも思える地下鉄や長大トンネルの続く路線でも、このトンネルがどのようにしてつくられたかなどを考えながら眺めていると、ちょっと興味が湧いてくるものだ。

# 高架橋

## ほかの交通を遮断しないで安全を確保

ローマ風の連続アーチのデザインが採用された武蔵五日市駅の高架橋　1996.7.9　五日市線武蔵五日市

● 都市の景観を決定づける場合もある

　都市を走る鉄道のシンボル的存在ともいえる高架橋。コンクリート製の高架はどこも似たような外観ばかり……と思ってしまうが、とくに古い時代に建設された高架線には、その時代の面影がそこかしこに宿っている。

　東京に残る代表的な古くからの高架橋といえば、東海道本線・山手線の東京～新橋間と、中央本線東京～神田間のレンガ造りの高架橋だ。

　よく知られているように日本の鉄道は新橋（汐留）をターミナルとして開業し、あとには上野に、帝都から北へ向かう日本鉄道のターミナルが設けられた。それぞれの駅には頭端式のホームが設置されたが、両駅を結ぶ鉄道はなかった。この利便性の悪さは明らかで、両駅を結ぶ鉄道の建設は1890年代初頭には計画されていたが、すでに市街部の交通量は多く、東京は地下水の水位が高いことから地下への建設は困難とされ、高架鉄道としての建設が決定し、ベルリンの鉄道をモデルとして赤レンガのアーチが連続する高架橋が建設されたのだ。

　赤レンガの高架橋は優美なアーチが連続するデザインで、関東大震災にも耐えたことから、美しい姿が後年に残された。かつての交通博物館（旧万世橋駅）の跡地につくられた「マーチエキュート神田万世橋」は、かつて

❶合計9本の線路が渡る青梅街道架道橋（通称：新宿大ガード）は1937（昭和12）年に完成した　2014.6.22　❷側方開床式の貯雪型高架橋。スノープロウで排雪した雪を開床部分から下に落とす　2015.3.6　北陸新幹線黒部宇奈月温泉〜富山　❸既存の高架橋と新設部分との高さを揃える高架橋柱継ぎ足し工法。技術開発には阪神・淡路大震災の復旧経験が生かされた　2010.7.28　南武線稲城長沼付近　❹鋼ラーメン高架橋　1969.5.13　総武本線両国〜錦糸町間

　の階段部分やホーム部分の様子も見ることができ、レイルファンにとっても楽しめるスポットだ。

　古い時代に造られた高架橋には、コンクリート製のものにも独特の味わいがある。鶴見線の鶴見駅付近に延びる高架橋は、この路線の前身である鶴見臨港鉄道時代に建設され、1934（昭和9）年に使用を開始。よく知られているのは、戦前にタイムスリップしたかのような国道駅のガード下の風景だ。鶴見〜国道間には、1943（昭和18）年まで存在した本山駅のホーム跡も残っている。

　京成電鉄の日暮里付近の高架橋も1933（昭和8）年に完成した歴史ある施設。高架線と地下線による上野への乗り入れは当時の最先端の土木工事によって実現したが、現在ではそれが昭和初期の面影を感じさせる風景ともなっている。下町風情のある街並みを見下ろしながらカーブを繰り返して走る高架線は味わい深いものがある。

　古い高架橋だけでなく、新しくつくられた高架橋には新しさの魅力がある。JR中央線の東京駅付近の高架橋は、下部がアーチ状になったコンクリートの桁に、橋脚は道路側が青緑色の円柱、線路側をコンクリート柱としたデザインで、その高さも相まって非常にスマートな印象を受ける。2001（平成13）年の土木学会デザイン賞も受賞しており、そのデザイン製の高さはお墨付きだ。東京駅といえば復原駅舎にどうしても目がいくところだが、駅舎見学のついでにでも見ておきたいところ。また、東日本大震災で被害を受けた仙石線の陸前大塚〜陸前小野間は高台を通るルートへと移設されたが、この高台に上る区間の高架橋も、特別景勝地の松島に近いこともあり、景観に配慮したスパンの長いスマートなスタイル。地域復興の象徴となる優れたデザインだ。

# 鉄橋

## 鉄道風景の"きめ手"にもなる優美な構造物

鉄道記念物、東海道本線旧六郷川鉄橋　1965.1.13　中央鉄道学園三島分教所（現・JR東海総合研修センター）

### ● 日本の鉄橋さまざま

　車窓風景に楽しさを加える施設といえば、いちばんはやはり鉄橋ではないだろうか。列車で鉄橋を渡るときはもちろん、外から眺めていてもその風景は楽しいものだ。

　鉄橋といってすぐに思いつくのはいわゆる「トラス橋」。さまざまなタイプがあり、よく見かけるのはワーレントラスという斜めの部材だけで構成されたタイプだ。トラスの上に線路があるのをデッキトラス（上路式）、中を通るタイプをスルートラス（下路式）と呼ぶ。

　現存する国内最古の鉄道用の鉄橋はJR左沢線の最上川橋梁で、この鉄橋もトラス橋。1887（明治20）年に東海道本線に掛けられた木曽川橋梁を1921（大正10）年に移設した橋で、斜めの部材が×形に交差する「ダブルワーレントラス」5連に、斜めの部材を逆ハの字形に並べた「プラットトラス」3連構造だ。

　都市部に近い路線でも古い鉄橋が現存している。「出山の鉄橋」として観光名所にもなっている、箱根登山鉄道の早川橋梁だ。この鉄橋は東海道本線の天竜川橋梁として1888（明治21）年にかけられたトラス橋のうち1つを箱根登山鉄道の開業時に移設したもので、こちらもダブルワーレントラス橋。関東大震災も乗り越えて100年以上にわたって使用され

❶上路トラス構造の須川（白砂川）橋梁。現在は新道の建設にともないロケーションが変わっている　2012.6.10　吾妻線長野原草津口〜群馬大津　❷明治時代の面影を残す上路プレートガーダー構造の早出川橋梁　2014.10.12　磐越西線五泉〜猿和田　❸第五玖珠川橋梁　2013.10.29　久大本線豊後中川〜天ケ瀬　❹上路ワーレントラス構造の白糸川鉄橋（根府川鉄橋）を下から見上げたカット。先代の橋は関東大震災で倒壊し根府川駅の悲劇も生んだ　2014.11.15

　ており、いまでは登録有形文化財にも指定されている。
　これらのトラス橋は上下の弦がどちらも直線となった「平行弦トラス」と呼ばれる構造だが、線路が載っていない側の弦がカーブを描いているタイプもあり、これを「曲弦トラス橋」と呼ぶ。ＪＲ東北本線の荒川橋梁などがこのタイプだ。
　トラス橋のほかに代表的な鉄橋の構造としては、ガーダー橋がある。「新宿の大ガード」など、道路をまたぐ鉄橋のことを「ガード」と呼ぶことがあるが、その語源となっているのがガーダー橋だ。日本語では「桁橋」と呼び、その名のとおり橋脚の間に桁を渡し、その桁の上に線路を敷設する構造。鋼板を組み合わせてＩ形やＨ形、あるいは箱形の断面にした桁を使ったガーダー橋を「プレートガーダー」と呼び、トラス橋と同様、桁の上に線路が載るのを上路式（デッキガーダー）、線路が載る部分の両側に桁が通っているのを、その高さによって中路式、あるいは下路式（スルーガーダー）という。デッキガーダーが最もシンプルなかたちだが、桁の下に余裕がないと設置できない。スルーガーダーは構造が若干複雑にはなるが、高さに余裕がないところでも架設できる。現在では、鋼製のプレートガーダー橋よりも、桁がコンクリート製のＰＣ（プレストレスト・コンクリート）橋が多くなっている。
　最後に、変わり種の鉄橋として忘れてならないのが、四日市市にある末広橋梁だ。これは運河に架かる跳開式の可動橋で、1931（昭和6）年の竣工。関西本線の側線が鉄橋上を通っており、1日に数本の貨物列車が走行する。現在では唯一の現役可動橋で、通常橋は上がっており、列車が通行する際には下げる操作が行なわれる。ほかでは見られないだけに、その動作は一見の価値があるだろう。

# 駅の線路配線

## 改良工事で列車ダイヤの効率が上がる

池袋駅立体交差化事業では、板橋方の埼京線上り線が山手貨物線を立体交差し、池袋駅の埼京・湘南新宿ラインを線区別から上下方面別に変更。同時に、目白方の平面交差を解消した　2004.6.6

● 鉄道配線の面白さ

　列車に乗り降りする際、必ずお世話になるのが駅。

　駅には駅舎やホーム上の施設などさまざまな要素があるが、駅の特徴が現れる部分のひとつは配線だろう。どのような配線になっているかによって、駅の性格が見えてくる。

　もっとも単純な駅のスタイルは、単線区間にあるホーム1面だけの駅だ。全部の駅がこの構造だと1列車しか運転できないことになるが、たとえば日本で2番めに短い鉄道である紀州鉄道はすべての駅が1面1線だ。もちろん、途中に車庫として使用する側線のある駅（紀伊御坊）は存在している。

　同時に2列車以上の列車を運転するためには、行違いのできる構造の駅が必要になる。交換駅でも、2本ある線路の中央に島式ホームを設けるか、あるいは両側に相対式ホームを設けるかの違いが生まれてくる。また、分岐も片開きにするか、あるいは両開きにするかで駅の性格の違いが見えてくる。交換駅の分岐が片開きになっている場合、片方の線路は直線となるため、通過列車の高速通過に適した線形になる。これを「一線スルー」といい、特急列車が走る地方の単線区間などではよく見られる形式だ。

　このような配線を2つ並行に並べると、新幹線や大手私鉄や最近の都市部のJR各線で

西武鉄道の拝島線と多摩湖線が平面交差してホームの途中から線路が分かれている　2012.12.24　萩山

ポピュラーな、複線区間で列車の追い越しなどができる駅のかたちになる。ホーム2面、線路が4線のいわゆる「2面4線」と呼ばれる配置だ。優等列車が通過する駅の場合は相対式ホームを外側に2つ置いたかたち、優等列車と普通列車が接続する、いわゆる「緩急接続」を行なう駅の場合は島式ホームを2つ並べたかたちになるのが一般的。東海道新幹線でいえば、前者は小田原駅、後者は新横浜駅の配線だ。複線区間で追い抜きができる駅のバリエーションとしては、外側を通過線とし、中央の2線に島式ホームを設けた1面4線の配線もある。東海道新幹線では三島駅がこの配線で、新幹線では唯一の例。首都圏では、京王電鉄の八幡山駅などがこの配線だ。

国鉄・JRの古くからの幹線に多く見られたのは、中央に待避線を1線だけ設けた2面3線の配線だ。レイルファンの間では「国鉄形配線」と呼ばれることもある。この配線は、貨物列車が多数運転されていた時代に多く造られており、中央の待避線は貨物列車の待避や留置に使用されていた。

大手私鉄でもこの配線は見られる。西武鉄道では新宿線の中井、井荻と池袋線の仏子に見られ、新宿線の2つの駅では追い抜き用として使用されている。

行止まり式の終着駅の配線で、注目してみると面白いのは「どの線とどの線が同時に発着可能か」ということ。複線でも駅の出入口では出発・到着列車の交差が発生するため、同時発着できない組み合わせが必ず存在する。ここが運行ダイヤのネックにもなるところで、これを回避するためにくふうしている例も多い。たとえば地上3線・地下2線の小田急線新宿駅は、立体構造にすることで発着の競合を極力避けていることがわかる。ターミナル駅に発着する列車を眺めながら、配線にどんなくふうがあるか観察してみるのも面白い。

# 車両基地の線路配線

## 出入口付近は線路が複雑に絡み合う

昭和30年代の品川車両基地。現在は広大な跡地を利用して新駅設置計画が進行中　1961.12　東海道本線品川駅構内

● 1日中観察していても飽きない

　鉄道車両のねぐらである車両基地。電車に乗っている際、あるいは駅や沿線から見かける機会も多い。中に入ることは一般公開の際などを除けばできない施設だが、付近の陸橋などからその様子がよく見える場所もある。

　首都圏で車両基地観察のベストスポットと呼べそうなのは、JR中央線の三鷹車両センターだ。ここには敷地をまたぐ跨線橋がかかっており、地域住民をはじめとする多くの人から人気スポットとして親しまれている。この跨線橋は古くから存在し、太宰治もよく通っていたという由緒のある橋でもある。

　車両基地でまず興味をひくのは、本線に対して車両基地がどのように配置されているかだ。三鷹車両センターの場合は下り線側に配置されており、下り線から入庫する場合はそのまま入れるが、上り線から入線する場合は折返しと下り線の横断が必要になる。

　多くの場合、入出庫にはこのように平面交差が発生する場合が多いが、小田急の喜多見検車区のように上下線とも本線を塞がずに入出庫できるよう立体交差になっている例もある。同社は新百合ケ丘や相模大野といった分岐駅も立体交差になっており、平面交差を避けるポリシーがうかがえる。

　本線が高架で、車両基地が地上にあるために立体交差となっている例もある。JR中央

第三セクター鉄道埼玉高速鉄道の浦和美園車両基地。営団（現・東京メトロ）南北線、東急目黒線の車両も待機中　2001.3.27（開業式）

山陽新幹線博多開業前年の1974（昭和49）年に完成した車両整備基地（現・JR西日本博多総合車両所）1976.9.16

　線の豊田車両センター武蔵小金井派出所（旧・武蔵小金井電車区）や、南武線の武蔵中原駅近くにある中原電車区、東急東横線の元住吉検車区などだ。元住吉検車区は複々線の中央を走る目黒線が入出庫線とつながっているため、この区間だけ目黒線がいったん地平に下りる配線となっているのがユニークだ。

　立体交差ではないにも関わらず、入出庫の際に本線をふさぐことのない配線もある。JR京浜東北線の南浦和駅近くにあるさいたま車両センター（旧・浦和電車区）がその例だ。ここは京浜東北線電車の基地だが、同線の上下線にはさまれた場所に展開しているため、入出庫の際に本線を横断する必要がない。

　車両基地に入線した列車はここで休息するが、そのための線路が「留置線」などと呼ばれる、櫛の歯のように何本もの線路がずらりと並んだ場所だ。この本数が車両基地の規模を決定するといってもいい。横にずらっと並んだ留置線は壮観だが、JRの東京総合車両センター、東京メトロの上野車庫のように、この部分が2階建て構造となっている車両基地もある。前者は1階・2階ともに地上、後者は地下と地上の2層構造だ。

　基地では車両の洗浄なども行なわれる。JRや大手私鉄の場合、車両の洗浄は自動洗浄機によって行なわれることがほとんどだが、細かい部分はやはり人の手が欠かせない。このため、洗浄機に隣接して、車両の手洗いを行なうための作業台が設けられている場合が多い。この「洗浄線」の配置は車両基地の立地条件によって決められるが、たとえば三鷹車両センターの場合は跨線橋から下り方向を向いていちばん左側にある。

# 不思議な車両たち

## 電車を待っているとたまに見かける車両は何？

国鉄の架線試験車クモヤ93000は高速度試験車として175km/hの最高速度記録を樹立した　1972.7.3　中央本線三鷹

● **線路脇に停まっている車両のようなもの**

今や東海道・山陽新幹線で子どもたちの人気者となった"ドクターイエロー"こと新幹線923形電気軌道総合試験車。知る人ぞ知る存在どころか、すっかり主役の地位についてしまった感がある。いっぽう、タイミングが合えば昼間に姿を見ることができる"ドクターイエロー"と比べ、活動時間の限られる在来線の保線用機械は地味な存在だ。とはいえ、線路の片隅に停まっている不思議なかたちの車両は、いちどは目にしたことがあるのでは？

これらは"ドクターイエロー"などとは異なり、「車両」ではなく「保線機械」などと呼ばれる。鉄道車両としての車籍が無く、「線路閉鎖」という手続きをとらなければ本線上を動くことができない。レイルファンのなかでいちばん名の知られているのが「マルタイ」こと、マルチプルタイタンパーだろう。現在一般的に見られるのは、箱形の車体中央に大きなツメのついた形状のものだ。線路のバラストのつき固めを行なうことで知られる機械だが、じつはその大きな役割は「線路のゆがみを元に戻すこと」だ。線路は列車の走行で高さやゆがみ、「通り変位」と呼ばれる横方向へのずれなどが次第に発生する。そこで、この機械によってレールを持ち上げ、大きなツメでバラストをマクラギの下にかきこみ、線路の状態を補正する。昔は人力に頼ってい

❶国鉄の架線延線車ヤ450形　1971.3.25　房総西線（現・内房線）和田浦〜南三原　❷東北新幹線の栃木県国分寺町（現・下野市）地区高架橋完成の際に、鉄道開業100周年記念のマークをモーターカーに取り付けて走行が披露された　1972.10.21　❸東武鉄道のユニッククレーン付き事業用機械2003　2014.10.11　東武東上線小川町　❹ＪＲ東日本新宿機械技術センター所属のモーターカーと無蓋車＋制御車　2015.4.23　山手線巣鴨

　た作業で、数名の保線係員が、徒歩で線路を巡回し、作業を続けたという。

　レールのメンテナンスを行なう機械もある。レールに発生した傷を探り出すレール探傷車は、超音波やレーザー光線などを使用したハイテクマシンで、従来は手押し車に装架された機器を用いて行なわれた作業を、高精度化、高速化した。レール削正車は砥石でレール表面の凸凹を削る機械で、騒音の低減のほかレールや車輪踏面の長寿命化に役立っている。

　輸入車両がほとんどない日本の鉄道だが、これらの保線機械はヨーロッパからの輸入が主流だ。マルタイの世界トップメーカーはオーストリアのプラッサー＆トイラー社で、日本でも同社の製造したマルタイが各鉄道で活躍している。黄色いカラーリングが多かったが、最近ではとくに私鉄の保線機械など、各社独自の塗装をまとった姿が多く、それぞれの個性が表れていて面白い。

　このほか、線路際でよく見かけるのが、トラックの車体に鉄道の車輪がついた「軌陸車」だろう。小型トラック、あるいは油圧ショベルと同等の車体に、レールを走行可能な車輪も取り付けられ、保線作業に使用される。

　雪国で大活躍するのが、小型ディーゼル機関車と似たスタイルの「軌道モーターカー」だ。トロッコを牽いて保線作業などに使用されるが、冬期はラッセルやロータリーヘッドを取り付けて除雪に活躍する姿が見られる。鉄道車両ではないため、運転士の資格を持たない保線係員などでも運転でき、駅構内の除雪でも小回りがきくことから、従来の大型ラッセル車やロータリー車にとって代わり、冬の鉄路の守り神となった感がある。

# 線路脇で見かけるモノ

〜どこにでも存在している
　　ようだが個性は豊か〜

踏切／線路際の「光り物」／地上子／ポイント（分岐器）／レール／マクラギ／ラダー軌道とスラブ軌道／線路脇のさまざまな標識／バラスト／平面交差／三線軌条／踏切注意の標識／蒸気機関車時代の名残り／スイッチバック／路面電車の線路／ループ線／信号場

# 踏切

## 安全のためには無いほうが良いとはいわれるものの……

のんびりと牛車を牽いて第4種踏切を渡る昭和30年の風景　1955.9　小海線

● **鉄道と街や村との交差点**

　全国の鉄道から姿を消しつつある鉄道設備の筆頭格が「踏切」ではないだろうか。「開かずの踏切」の問題、また不幸な事故などを踏まえ、都市部では踏切の解消を目的とした立体交差化を推進。渋滞や街の分断に悩まされてきた利用者としてはありがたいことだが、踏切に漂う独特の風情には捨てがたいものがあるのも事実だ。

　踏切は、その形態に応じて、第一種から第四種に分類されている。第一種は自動警報器と遮断機、または保安要員を配置して列車の通過時に道路を遮断する踏切。第二種は時間を限って保安係が配置される踏切で、これは現在日本には存在しない。第三種は遮断機がなく警報器のみ、第四種は簡単にいえば何もない踏切だ。

　遮断器のさおは「遮断棹（かん）」と呼ばれ、材質はかつては竹製が主流だったが、現在では強化プラスチック製がほとんどだ。色は黄色と黒が一般的だが、視認性を高めるために赤白のさおも一部で採用されている。警報器は、遠くからの視認性を高めるため、門形の柱の高い位置に警報灯を取り付けているタイプも見られる。警報灯は目玉のように横に2つ並んだタイプが多いが、最近は提灯やランタンのような円筒形の警報灯も見られる。これは360°どこからでも警報灯の点滅が見えるよう

❶幅の広い道路と交差する場合に多い昇開式踏切だが、近年では途中で折れ曲がる屈折形遮断桿（かん）に置き換わりつつある　1954.9　撮影場所不詳　❷かつて大阪市にあった関西本線杙全（くまた）踏切付近の高架化工事　1965.8.30　平野～天王寺（現在は東部市場前駅ができた）間　❸豊島区上池袋にあった山手貨物線・赤羽線・東武東上線を渡る、通称「開かずの踏切」第二鎌倉踏切　1956.8.1　❹構内踏切の例　2013.2.10　東京急行電鉄大井町線等々力

にくふうされた「全方位型警報灯」と呼ばれるタイプだ。

　警報器の音は、今では電子音が主流。市街地などでは、遮断器が閉じたあとは音が小さくなるタイプも多い。かつてはカランコロンと鐘の音が鳴る「電鐘式」がローカル線を中心に残っていたが、今ではＪＲ、大手私鉄にはいっさい残っておらず、一部の地方私鉄に残るのみだ。

　踏切自体にも珍しいものがいくつもある。とくに人口に膾炙するのが、台東区東上野にある東京メトロ銀座線の踏切だ。といっても地下に踏切があるわけでなく、地上に設けられた東京メトロ上野検車区の引込み線に踏切が設置されている。場所は上野駅の近く。国道４号の東側にある。住宅が密集するなかに忽然と現れる踏切は、存在そのものもミステ

リアスだ。車両基地に電車が入出庫する際には道路側に遮断機が下りるが、それ以外の時は線路側がふさがれているのがほかの踏切には見られない特徴だ。これは銀座線が第三軌条集電のため感電の危険があり、万が一の軌道内への侵入を防ぐためでもある。

　東京の都心を走る山手線にも踏切がある。ただし、その数は徐々に減り、現存するのは駒込～田端間にある「第二中里踏切」のみ。唯一の存在なのに「第二」という名称がつけられているのは、かつて駒込寄りに第一踏切があったからだ。一日中頻繁に列車が走る山手線だけに、列車が通過して瞬く間に、また踏切が鳴り始めるという印象だ。この踏切を車内から見つける際は、大きなゴルフボールの立体看板広告が目印になる。

# 線路際の「光り物」

## 電照式標識のいろいろ

西武鉄道の特殊信号発光機（左）と中継信号機（右）　2013.4.28　池袋線稲荷山公園

● ピカピカ光る警報装置

　駅で電車を待っているとき、あるいは線路沿いの道を歩いているときなど、線路際でピカピカ光っている「何か」を見かけることはないだろうか。最も代表的な存在といえる信号機はその色と外見で誰でもわかるものの、「何か」のなかには何のために光っているのかよく知られていないものも多い。そんな、線路際の「光り物」を少し眺めてみよう。

　最近、都市部の鉄道で多く見られるのが、線路際のやや低い位置でピカピカと点滅しているランプだ。設置されている路線では、駅のホームなどからもよく見える。しばらく見ていると、このランプは列車が近づいているときに光っていることに気付くはずだ。これは「列車接近警報装置」や「列車接近警報灯」などといわれる表示灯で、文字どおり点滅することで列車の接近を知らせる。知らせる対象は保線係員などで、列車運転中に行なわれるの保線作業の安全性向上を目的に設置されている。利用者にも列車の接近が分かるため、線路際での写真撮影や、子どもに電車を見せる際などには参考になるかもしれない。

　踏切の近くに設置されているのが「踏切動作反応灯」などと呼ばれる表示灯だ。鉄道会社によって呼び名が異なる場合もあるが、踏切遮断器が正常に動作していることを運転士に知らせるための装置で、通常は消灯してい

駅のホームにある利用者向けの列車接近案内表示灯の一例　2013.10.6　福島交通飯坂線平野

るが、列車が接近すると点灯し、遮断機が降りると点灯、または点滅する。ＪＲではほとんど見られないが、私鉄では大半の鉄道で見ることができる。

　かたちは各社で異なり、関東の大手私鉄に多いのは、棒状のライトが×のかたちに配置されたタイプ。このほか、丸いランプを×字型に並べたものや、丸いランプ１灯が点灯、あるいは点滅するかたちなど、鉄道会社によって個性がある。どれが踏切動作反応灯かを知るには、踏切が多い区間で電車の最前部に陣取って、遮断器が降りた際に点灯するランプを探すのがいちばんだろう。

　踏切周りでは「特殊信号発光機」も重要な役割を担っている。とはいえ、これが動作しているところはあまり見られないほうがいい。踏切やホームで非常ボタンが押されたり、落石が発生したりするなど、線路に支障があっ

た場合に点灯する装置だからだ。よく見られるのはホームベースのような五角形で、それぞれの角に丸いランプが５つ並んだスタイル。動作の際は、赤いランプが反時計回りに順に点滅し、回転するように光る。

　踏切の前後には、踏切動作反応灯や特殊信号発光機、さらに踏切警報器と、線路際の「光り物」が集結した感がある。つまり、それだけ神経を使って管理しなければならない設備だということだ。列車の高速化もあって、踏切保安の重要性は高まっている。

　近年はＡＴＣ化などで線路際に信号機のない鉄道も増えているが、これらの標識類は地上信号機が消えた路線でも健在なことが多い。ここに挙げた以外にも安全を守る「光り物」はある。線路際にある光に注目してみると、新たな発見があるかもしれない。

# 地上子

## 数ミリ単位の精度で設置される

高い精度が要求される自動列車停止装置（ATS-P型）地上子の設置工事　2000.8.30　八高線東福生駅構内

● レールの間に置かれた重要な装置

　駅のホームや線路際から見える、2本のレールの間に置かれている白や緑などのプレート。終点の駅ではズラリといくつものプレートが並んでいる様子を目にすることもある。一般に「地上子」と呼ばれる装置だ。

　地上子の役割は、ATS（自動列車停止装置）の情報を車両に送信すること。「ATS-P」形など、新しいシステムのATSでは送受信の両方を行なう「トランスポンダ」と呼ばれる機能を持っている。現在JR各社で主流となっているのはATS-P形だ。簡単にいうと、このシステムは停止現示の信号の手前で地上子の上を通過すると、信号機までの距離などのデータが車両に送信され、車上の装置がそのデータを元に安全に停車できる制限速度の情報（パターン）を生成する。列車の速度がこのパターンを越えると、ブレーキが自動的にかかるという仕組みだ。

　ATSの歴史は長く、日本で初めてATSが導入されたのは戦前の地下鉄銀座線の開業時だった。同線で開業時に採用されたのは「打子式」と呼ばれるタイプで、信号が赤の場合は線路内に設けられた「トリップアーム」が立ち上がり、車両側のコックに当たるとブレーキがかかるという仕組みだった。非常にシンプルな原理だが動作は確実で、地下鉄丸ノ内線や大阪市営地下鉄、名古屋市営地

C61 20のＡＴＳ車上子。復元・車籍復活のために新設された
2011.1.27　大宮総合車両センター

地上子は通常の線区ではまばらに設置されるが、終端駅などでは細かい速度照査のため、狭い間隔で置かれていることが多い　2015.4.23

　下鉄でも採用。大阪では早くに消えたが、丸ノ内線では1998（平成10）年、名古屋市営地下鉄東山線では2004（平成16）年まで使用されていた。

　現在見られるのはこのような機械的なシステムではなく、電気的に制御する方式だ。地上子にもさまざまなかたちがあるため一概にはいえないが、かつて全国各地で見られたのは白く平べったいかたちの地上子だ。これは「ＡＴＳ－Ｓ形」と呼ばれるＡＴＳの地上子で「変周式」と呼ばれるタイプ。私鉄でも同じようなかたちの地上子を見ることができたが、最近は新しいシステムへの切替えが進み、以前より見かける機会は減ってきた。最近多くの路線で導入されているＡＴＳ－Ｐ形の地上子はもう少し小さく、角張った形態だ。

　路線ごとにどんなＡＴＳを使用しているか調べて乗ってみると、その特徴が見えて面白い。以前小田急電鉄が採用していたＯＭ－Ａ

ＴＳは、前方に見える信号が切り替わっても、列車が次の地上子を通過するまではひとつ前の地上子から受信した制限速度を記憶しているため加速ができず、ラッシュ時などに最前でその様子を見ていると歯がゆい思いをした。また、同線の新宿駅では、以前は地上子がズラリといくつも並んでいる光景が見られた。これはオーバーランを防ぐための仕組みだったが、こちらも新システムであるＤ－ＡＴＳ－Ｐへの切替えでお役御免となった。

　設置の仕方という点でユニークなのは、ナローゲージの路線だ。かつては近鉄の路線だった四日市あすなろう鉄道、三岐鉄道北勢線はともに762㎜軌間だが、線路内に地上子を置くにはスペースが狭いため、レールの外側に設置している。車両の幅の狭さなどはもちろんだが、こんなところにも軌間の狭いナローゲージの路線らしさが現れていて面白い。

# ポイント(分岐器)

## ひとめでは何がどうなっているのかわからない複雑さ

カンテラ(合図灯。凍結防止用具とは別物)を携えてポイントの凍結を監視する　1965.1.22　只見線会津若松〜小出

● 鉄道ポイントのあれこれ

「ポイント通過のため、左右に大きく揺れますのでご注意ください……」電車に乗っていると、駅の到着時や発車時などに耳にすることがあるアナウンスだ。

一般的に「ポイント」といわれている、線路を複数の方向に分岐させるレール装置。ポイントは、鉄道に関心のある人なら幼少期から興味深い設備のひとつではないだろうか？

日本語での正式な呼び名は「分岐器」で、ポイントとは簡単にいえばレールを分岐させるための可動部分の呼び名だ。ちなみに英語では「Point」よりも、米語ではターンアウト(Turnout)、イギリス英語ではスイッチ(Switch)ということが多いようだ。

分岐器は、大きく分けて「ポイント」と「クロッシング」、そして「リード」と呼ばれる3つの部分からなっている。ポイント部分は「トングレール」と呼ばれる、先の尖った可動するレールの部分、クロッシングはレールが交差している部分、そしてリード部分とは、クロッシングとトングレールの間にあたる部分だ。

分岐器の基本的なかたちは「片開き分岐」と呼ばれ、直線の軌道から分岐側が曲線で分かれていく。分岐側が左にあるのを「左片開き」、右側にあるのを「右片開き」と呼ぶ。通過線のある駅などで、通過列車が走る本線

❶車両基地の付近ではさまざまな種類の分岐器が見られる。手前は片側に渡り線があるシングルスリップスイッチ　2014.7.15　京浜急行電鉄神奈川新町　❷ケーブルカーの分岐器の例。外側の車輪に溝があり、内側は平らなため、上下の車両は常に外側のレールに沿って行き違う　2015.4.26　箱根登山鉄道十国索道線　❸整然と並んだ片開き分岐器　2014.7.15　京浜急行電鉄神奈川新町

が直線、普通列車が待避する側が曲線になっている分岐器がこれだ。

　分岐する両方が同じ角度で分かれているのが「両開き分岐」。その外観から「Ｙ字形分岐」ともいわれる。ローカル線の交換駅などによく見られるタイプだ。一見似ているが、角度が等しくないものは「振分分岐」と呼ばれる。いずれのかたちも、分岐する両方の線路がカーブになるためにスピードが制限されるというネックがあり、特急の走る単線区間などではこれを片開き分岐に置き換え、特急列車は上下線どちらの方向でも速度制限のない直線側を通過させる「一線スルー」と呼ばれる方式を採用している路線が目立つ。

　鉄道模型ではしばしば「カーブポイント」と呼ばれているのが「内方分岐」。同じ方向にカーブしながら分岐している分岐器のことだ。ちなみに、逆方向にカーブしている場合は「外方分岐」と呼ぶ。一見すると両開き分岐や振分分岐と違いが分かりにくいかもしれないが、分岐器の手前からカーブが続いていて、それとは逆の向きに線路が分岐していれば外方分岐だ。

　さらに１つのルートを３つに分ける三枝分岐や、一見似ているものの分岐点が同じ場所ではなく、前後にややずれている「複分岐」、線路が交差する部分の片側に渡り線を設けた「シングルスリップ」、両側に設けた「ダブルスリップ」など、分岐器にはかなりのバリエーションがある。

　特殊な分岐器が使われているかどうかは鉄道会社によって異なり、関東では京急電鉄がシングルスリップを多用していたり、関西では阪急電鉄で複分岐が宝塚線で多く使われていたりと、比較的珍しい分岐器が多いようだ。

# レール

## Rail Wayの文字どおり鉄道の基本中の基本

日本で本格的なロングレールが導入されたのは1957（昭和32）年のこと　1960.9　東海道本線藤沢～辻堂

● レールの本当の意味は？

「レール」「軌道」「線路」、一見すべて同じような言葉だ。たとえば模型店の鉄道模型コーナーに行くと、2本のレールとマクラギ、その下のバラストまで一体化して再現した部品が「レール」として売られている。

だが、実際には「レール」「軌道」「線路」は、それぞれ意味の異なる言葉だ。「レール」とは、そのものズバリ鉄でできた棒状のレールそのもののこと。「軌道」は2本のレールとマクラギ、そして「道床」と呼ばれる砂利（バラスト）などの部分までを含めた、路盤より上の部分を指す言葉だ。「線路」は、軌道のほか、さらに路盤や側溝など、周辺の構造物までを含めた総称だ。模型のレールは本来「軌道」と呼んだほうがいいことになる。

ここで取り上げるのは「レール」そのものだ。日ごろ何気なく目にしているレールだが、いくつもの種類がある。通常は1mあたりの重さで分類され、いま国内の鉄道でおもに使われているのは「50kgNレール」と呼ばれるレールで、新幹線や一部の在来線ではさらに重い「60kgレール」が使われている。実際の重さはピタリ名称どおりではなく、50kgNレールが50.4kg、60kgレールが60.8kgだ。大きさも異なり、50kgNレールは高さが15.3cm、車輪が通る頭部の幅は6.5cm、マクラギに固定する底部の幅は12.7cm。60kgレールも頭部

❶分岐器とレールの交換風景。現在でも作業は人力で息を合わせて行なわれる　1959.1　東海道本線平塚　❷国鉄時代に試験中のレール削正用波状磨耗研磨機　1955.2.14　東海道本線　❸脱線防止ガードレール敷設作業　2010.3.4　東海道新幹線豊橋　❹曽根トンネル付近で執り行なわれたレール締結式。これにより紀勢本線が全通した　1959.4.22

の幅は同じだが、高さは17.4cm、底部は14.5cmとやや大きい。大きく重いほうが安定性が高く、重い列車が通っても歪みなどが少ないため、重いレールほど高速で列車本数が多い路線に使用される。

保線係員や鉄道技術の専門家はともかく、レールを見ただけでその重さがわかる人はなかなかいないだろう。だが、レールの側面には種類や製造メーカー、製造年などの刻印が入っている。「50N」とあれば50kgNレール、「60」とあれば60kgレールだ。

レールの長さは1本25mが基本で「定尺レール」と呼ばれる。従来は最長でも1本50mが限界だったが、最近は世界でも最長となる1本150mのレールも生産されている。「ロングレール」と呼ばれるのは1本が200m以上のレールで、これは敷設する現場で継目を溶接してつないでいる。日本最長のロングレールは東北新幹線のいわて沼宮内〜八戸間にあり、約60.4kmを1本のレールとしている。

全線を1本のレールにすることはポイントやカーブの都合などもあって不可能なので、どうしても継ぎ目は必要になる。ロングレールは長い分、定尺レールなどよりも温度による伸び縮みが大きくなりやすい。このような区間で目にするのが、2本のレールを斜めに組み合わせた継目だ。これは「伸縮継目」といい、レールが伸び縮みしてもこの部分で変化を吸収するための仕組みだ。

レールは列車が走っているうちにやがて摩耗し、取替えの時期を迎える。50kgNレールの場合、高さが11〜16mm程度減り、断面積の減少率が約20%に達すると交換となる。急カーブなどはすり減りやすいため区間にもよるが、おおむね10〜25年程度は使われるようだ。

一見どれも同じように見えるレールだが、そこにはさまざまな違いやくふうがある。鉄道の奥深さを物語っているようだ。

# マクラギ

## 急速に姿を消しつつある本線上にある木のマクラギ

東海道新幹線へのPCマクラギによる50T型レール軌道敷設工事　1962.2.12　鴨宮軌道基地

### ● レールを支える重要パーツ

　鉄道の線路に欠かせないのが「マクラギ」だ。その名のとおりレールを支え、間隔を一定に保つという重要な役割を担っている。かつては文字どおり木材を使っていたため「枕木」と書くのが普通だったが、最近ではコンクリート製が増え、木材を使っている例はどんどん減ってきた。このため、鉄道技術関連の書籍などでは「まくらぎ」など仮名で表記している例も多い。

　木のマクラギは木材そのままではなく、クレオソートによる防腐処理を施して使用している。おもに使われてきた木材はヒノキやヒバなどだ。

　防腐処理を施した木のマクラギは耐久性が高く、鉄道での使用を終えたあとも十分に使えるため、鉄道施設や花壇の材料などとして昔から使われてきた。いまではその風合いなどが好まれ、ウッドデッキなどに使用するガーデニングの材料として人気が高い。だが、最近は国内で木のマクラギの廃品が出ることが少なくなっているため、海外の鉄道で使用されていたマクラギ、新品のマクラギなども販売されている。

　現在、鉄道で使用されているのは「PCマクラギ」と呼ばれるコンクリート製のマクラギが多い。PCは「プレストレスト・コンクリート」の頭文字だ。コンクリートは引張力

❶1951(昭和26)年から鉄道技術研究所(現・鉄道総研)で試験敷設されたPSコンクリートマクラギ　1955.3　東海道本線大森~蒲田　❷木製のマクラギに犬釘で固定された古いタイプのレール　2013.8.25　❸木製マクラギの整正作業　1954.6.12　東海道本線有楽町付近

に弱いため、内部にピアノ線や鋼材などを入れてあらかじめコンクリートに圧縮力を与えてあり、上を重い列車が通過しても引張力が発生しにくいようにつくられている。

国内でPCマクラギが初めて試験的に使用されたのは1951(昭和26)年で、東海道本線の大森~蒲田間に敷設された。その後さらに試作と改良が進展し、大々的に使用されたのは1964(昭和39)年に開業した東海道新幹線だ。現在、PCマクラギの年間生産本数は50万本ほどだそうだが、最も多く生産されたのは東海道新幹線開業直前の1963(昭和38)年で、新幹線用と在来線用合わせて年間に約175万本が製造されたという。PCマクラギは、世界初の210km/h高速運転を実現した影の立役者といえるかもしれない。

最近、都市部を走るJR東日本の路線ではこれまでに比べて太いコンクリートマクラギを目にする機会が増えてきた。軌道のメンテナンスには時間とコストがかかるため、その対策として考えられた「省力化軌道」と呼ばれるものだ。多く見られるのは、マクラギの太さがこれまでの約2倍ほどの400mmという外観が特徴の「TC型省力化軌道」だ。1997(平成9)年に山手線で導入が始まり、現在では多くの区間で使用されている。この軌道はバラストにセメント系の材料を注入して固めてあり、メンテナンスの大幅な省力化が図られた。

マクラギにレールを留める「締結装置」も重要な部品だ。木のマクラギは犬釘によって締結できるが、PCマクラギでは装置が必要になる。見た目で特徴があるのは、太い線バネを差し込んで締結する「パンドロール型」で、国内の路線でも近年よく見かけるようになった。クリップのような外見だが、実際に英語ではレール締結装置のことを「レールクリップ」と呼ぶという。

# ラダー軌道とスラブ軌道

## 鉄道の高速化とメンテナンスフリーには欠かせない

わが国初のスラブ軌道の敷設工事　1971.3.18　東海道本線大磯〜平塚間

● レールを支える近代的な方法

　鉄道の線路といえば、2本のレールの下に直角方向に並ぶマクラギ、そして砂利（バラスト）……というのが昔からのイメージだが、線路もどんどん進化を遂げている。外観がコンクリートの軌道というと、おもに新幹線で見られる「スラブ軌道」が主流だったが、最近はスラブ軌道以外のタイプも見かけることが多くなった。

　最近よく見かけるようになったのが「ラダー軌道」と呼ばれるタイプだ。これは今までの軌道とは逆転の発想で、レールの下に細長いコンクリート製のマクラギを配置したかたち。両方のマクラギの間は金属パイプなどで結ばれている。ラダーとは梯子（Ladder）のことで、この形式の軌道を真上から見ると、その形状が梯子のように見えることから、その名がついた。

　ラダー軌道には2つの種類がある。1つは「バラスト・ラダー軌道」、もう1つは「フローティング・ラダー軌道」という。前者はバラストを用いる軌道で使用され、後者は軌道がコンクリート路盤上に敷設する時に用いられる。

　従来の軌道では、レールに架かった荷重は、マクラギを介してバラストに分散されていた。ラダー軌道では、レールの下に設けられた「ラダーマクラギ」がこの役割を果たす。「ラ

直結軌道の一種。コンクリート道床の上に弾性材を敷きその上に軌道スラブを於いてレールを締結する　2011.2.24

ラダー軌道の一種フローティング・ラダー軌道　2014.7.21　京浜急行電鉄京急蒲田

ダーマクラギ」はレールと同じように伸びるので、従来のマクラギよりも広範な面積で荷重が分散されるため軌道の破壊が小さくなり、保守作業の軽減化につながるわけだ。メンテナンスの回数が少なくて済むことから、新線や新しい高架区間などに限らず、夜間保守作業をできるだけ少なくしたい住宅地などで使われている例が見られる。

フローティング・ラダー軌道は、その名のとおり「フローティング（浮いている）」のが特徴だ。コンクリートの路盤からゴムなどの緩衝材を介して浮かせた構造で、見ためにも特徴があるのでわかりやすい。

いっぽうのスラブ軌道は、基盤の上に「スラブ基盤」と呼ばれるコンクリート板を設置し、その上に線路を敷設する方式だ。山陽新幹線の建設時に本格的に使用が開始され、東北・上越新幹線では、全線で本格的に採用され、抜群の乗り心地を提供して利用者を驚かせた。走行時の反響音がやや甲高く聞こえるという面はあるが、列車が高速で走っても軌道の歪みなどが起こりにくいため高速鉄道に向いており、その後の新幹線の延伸時にもスラブ軌道が標準的に採用されている。雪の多い地方にも向いており、北陸新幹線や北海道新幹線では、路盤を高架橋の床面より高くして線路の両サイドに積もった雪を貯められる「貯雪式高架橋」なども見られる。北陸新幹線以降は、それまで板状だったスラブの内側をくり抜いたかたちで、軽量化とコストダウンの可能な「枠形スラブ軌道」も登場している。おもに枠形スラブ軌道は積雪の少ない地域やトンネル内、平板スラブ軌道は積雪地で使用されている。

# 線路脇の さまざまな標識

## 運転の自動化が進んでもまだまだ現役

車両接触限界（甲号）。ポイント合流部など、この標識を越えると互いの車両が接触することを示す　2013.9.24

● 線形などをデリケートに表す

　自動車の運転免許を取得した人なら、数々の道路標識の意味を知っているだろう。「止まれ」や「一方通行」など街中でおなじみのものから、路面電車が走っている街でないとお目にかかれない「軌道敷内通行可」のようなレアな標識まで、バラエティに富んでいて意外と面白いものだ。さて、線路の周囲も、数多くの標識類が存在している。

　線路脇に建つ標識類のなかで、もっとも名の知れた存在が距離標と、勾配標だろう。距離標の別名はキロポスト。多くは先をとがらせた白い標識で、1キロ間隔で建てられ、その路線の起点からの距離がキロ単位の数字で書かれている。500mごとにこれを補助する標識が建てられることもあり、こちらは数字の脇に1／2が書き加えられている。

　勾配標は、線路の勾配が変化する地点に建植され、標識の前後方向の勾配率が‰（パーミル＝1000分の1）単位で書き込まれている。この時、標識の片側の腕が下を向き、そこに25という数字が書かれていれば、そこから25‰の下り勾配が始まることを示している。勾配は列車の速度に影響するため重要な指標で、とくに蒸気機関車の時代には全国に数多くの「難所」が存在し、機関士や機関助士は自らが走る路線の線形を熟知することが求められた。もちろん線形を知ることは、現代の

❶この標識の先にはき電線が無いことを示す架線終端標識　2013.1.6　❷円曲線、緩和曲線曲線の始終点に建植（けんしょく）される曲線標。写真は緩和曲線60.000m、円曲線103.932mを示す　2012.11.10　❸距離標の例。写真はマイナス距離を表す東武東上線のもの　2015.1.25　❹速度制限標識の例。この標識の地点までに60km/h以下に速度を落とす　2016.4.29

運転士でも必須だ。

　カーブの始終点には曲線標が建てられ、曲線半径と、カント、スラックが書き入れられている。カントといっても独逸の哲学者とは関係なく、カーブ区間で外側のレールを内側よりも僅かに高い位置に敷設し、遠心力で車両にかかるカーブ外側方向への力を相殺し、車両の曲線通過をスムーズにする役割を果たす。カーブを通過する車両が内側に傾いている理由がこれだ。

　スラックも車両の曲線通過をスムーズにするためのくふうで、2本のレールの間隔を、標準よりごくわずかだけ広げる。これには、曲線通過時に車輪とレールの間に生じる抵抗を軽減する働きがある。曲線標識は、表側に曲線半径がメートル単位で、裏側にはカントがC＝、スラックがS＝と、それぞれミリ単位で書き込まれている。

　ポイント付近にも小さいが重要な標識がある。接触限界標と呼ばれる、線路が2方向に分かれた位置から少し先にある白い標識だ。その名のとおり、この標識よりもポイント側に車両を停めると、分岐するもういっぽうの線路を車両が通った際に車両どうしが接触するということを表している。2種類の方式があり、小さな白いポストが建てられるものと、線路の中央部分に白い礎石のような形の標識が設置されるものがある。

　このほか、目立つものには、工事などで徐行区間が発生した際に、制限速度を示す速度制限標識と、徐行区間の終了を示す徐行解除標識があり、運転される編成両数が多様な路線では、編成両数を書き添えた解除標識が複数建植されることもある。

　これらの標識のスタイルは国鉄時代に様式が確立したが、鉄道事業者によって相違点もあり、距離標や勾配標が、ペイントによって、ホームの側壁などに描かれたケースもある。

# バラスト

## 軌道の安全と乗り心地を大きく左右する

近畿日本鉄道（現・養老鉄道）養老線美濃津屋保線基地（当時）で稼働中のバラストクリーナー　1983.1

### ● 乗り心地の良し悪しにもかかわる

　線路の下に撒かれている砂利が「バラスト」だ。一見すればただの石くれだが、列車が通過した際に伝わってくる過重や振動を分散して地表に伝え、騒音を吸収するという重要な役割を果たしている。

　バラストに用いる石は、河原の石のように丸まったものでなく、尖った角のものが適当で、そのような形状のほうが崩れにくいためだという。ローカル線では更新頻度が低いため、丸まったままのバラストが多いようだ。

　今ではあまり見なくなったが、かつてのローカル線ではバラストがまばらで、土に半分埋もれたような線路を見かけることがあっ

た。実際に、幹線とローカル線ではバラストの厚みも違い、国鉄時代はトップクラスの幹線である「1級線」をはじめとする本線クラスはマクラギの下面から路盤までの高さが250mm以上などと基準が定められていた。現在も鉄道各社が基準を設けている。

　またひと昔前の鉄道の線路は、駅の周辺などではバラストが赤っぽい色になっていることが多かった。これは車両のブレーキシューとして用いられていた鋳鉄が、ブレーキをかけた際に摩耗して細かな粒子が飛散し、バラストの表面に付着したものが雨によって酸化したもの——要するにさび色になっていたためだ。しかし近年は、停止直前までブレーキ

❶国鉄時代の単線用バラストクリーナーヤ100形。車体はスイスのマチサ社製　1959.7　田端機械軌道区（当時）　❷大型保線作業車（プラッサー＆トイラー社製マルチプルタイタンパー）　1976.8.4　山陽本線海田市駅　❸複線用自動バラスト散布車ホキ100形。1963（昭和38）年7月26日の称号規程変更によりホキ300形に改称　1954.5　東京鉄道管理局管内（当時）　❹吾妻線小野上駅ではJR東日本高崎支社管内で使用する採石を採掘、搬出する　2011.10.16

　シューを使わず電気的に停止させる「純電気（全電気）ブレーキ」などの普及で、線路端の表情もやや変わりつつあるようだ。

　鉄道の黎明期から使われ続けてきたバラスト軌道だが、戦後は高架線などを中心に「スラブ」と呼ばれるコンクリート板にレールを固定したスラブ軌道が普及し、とくに新しい新幹線路線などではバラスト軌道は少なくなっている。たとえば東北新幹線の東京～新青森間の場合、線路の延長約1350kmに対してバラスト軌道の区間は100km程度だ。バラストは頻繁にメンテナンスが必要なためだ。また、高速で走る路線の場合、冬は車体に付着した雪や氷の塊が線路に落下し、その際にバラストが飛んで車両に当たり、窓ガラスを割るといった事故もまれに起こる。そこで、新幹線ではバラストの飛散を防ぐシートを設置しているのが見られる。なかなか手間がかかるのがバラスト軌道なのだ。

　だが、バラスト軌道には静音性の高さという大きなメリットがある。そこで、最近はスラブ軌道並みのメンテナンス性とバラスト軌道並みの静音性を兼ね備えた「弾性バラスト軌道」が都市部などで増えつつある。従来よりも目の細かい砂利が撒かれている区間がそれだ。従来のバラスト軌道ではマクラギにかかる重量をバラストが支えているが、弾性バラスト軌道の場合、マクラギは防振ゴムをはさんで路盤に固定されており、消音バラストはその名のとおり騒音を抑える役割を担っている。敷設のコストはバラスト軌道より高いようだが、細かい砂利が敷かれた線路は都市部の鉄道の新たな風景といえるかもしれない。

# 平面交差

## たいへん珍しい日本の鉄道風景

営業路線で全国唯一の軌道と鉄道の平面交差　1996.1.31　伊予鉄道大手町線大手町駅前電停・高浜線大手町駅付近

● 道路に輝くダイヤモンドクロス

　異なる線路どうしが同一平面上で交差するのが「平面交差」だ。支線が分岐する駅などでよく見られるスタイルだが、どちらか一方の線路を列車が走っていれば、もう片方はふさがれてしまうため、鉄道会社としてはあまり望ましい線路の配置とはいえない。だが、クロスした線路のメカニカルな外観や、そこを駆け抜ける列車の迫力は、見ているぶんには興味深いことは間違いない。

　日本で鉄道の平面交差というと、本線から支線が分岐する際の交差がほとんどで、異なる路線どうしが直交する、十字路のような平面交差は数少ない。このような平面交差の本場はアメリカで、大平原のなかを異なる鉄道どうしが直交していたり、「L」の愛称で知られるシカゴの高架鉄道が街なかの高架上でクロスしていたりする。

　このような迫力ある平面交差が今も国内で見られるのが、四国の松山を走る伊予鉄道の大手町駅付近だ。ここでは同社の市内線（路面電車）と、郊外電車の高浜線の線路がまさに十字路のように平面交差している。どちらも複線のため、線路が交差している部分はまるで線路で区切られた碁盤の目のようだ。

　両方の電車が同時に交差に差し掛かった際には、高浜線の線路に沿って設けられた遮断器が降ろされ、道路上を走る自動車とともに、

1984（昭和59）年までは神戸線と今津線が平面交差していた西宮北口駅付近　1971.10.16　阪急電鉄西宮北口駅

　路面電車が高浜線の電車の通過を待つという光景も見られる。平面交差のすぐ脇には高浜線の大手町駅ホームがあり、市内線の電車ともども、平面交差に差し掛かる時の列車のスピードが遅いこともあってか、列車の交差はスムーズに行なわれているようだ。

　さらに大迫力の平面交差として知られていたのが、阪急電鉄の西宮北口駅だ。かつてここでは神戸線と今津線の線路が直交し、長編成の大型電車がクロスした線路を「ダダダッ」と迫力ある音を響かせて駆け抜ける、日本離れした情景を見ることができたが、ホームの延伸ができないこととダイヤグラムの改良から、1984（昭和59）年3月に今津線を同駅を境に分断させ、平面交差は消滅した。

　国内で一般的に見られるのは、本線から支線が分岐するタイプの平面交差だ。こちらもダイヤ上のネックになることから解消が進んでいるが、首都圏で最近までかなりの本数をさばいていた平面交差として、京王電鉄の調布駅を挙げることができる。地下化と同時に立体交差化されたが、地上時代は同駅で京王本線から分岐する相模原線の上り線が本線の下り線と平面交差しており、相模原線からの上り列車が下り本線を塞ぐことがダイヤ編成上のネックとなっていた。多摩ニュータウンへの輸送で競合する小田急多摩線は当初から立体交差でつくられたが、近年まで本線（小田原線）と多摩線の直通列車はあまりなく、利用者数も平面交差だった京王相模原線のほうが多いというのはちょっと皮肉だ。

　調布と同様に改良された最近の例では、東京メトロ有楽町線・副都心線の小竹向原駅がある。すでにある地下駅にショートカットの線路を設けて平面交差を解消した例だが、地下なのでなかなかその痕跡はわからない。

# 三線軌条

## ゲージの異なる車両が同一路線を走るために

京浜急行電鉄逗子線にある総合車両製作所横浜事業所入出場用の三線軌条　2014.7.15　金沢八景〜神武寺間

● 線路は2本のレールとは限らない！？

　線路といえばレールが2本並んでいるのが普通の姿。だが、一部の鉄道ではレールが3本並んでいる区間にお目にかかることがある。最近最も知られているのは、北海道新幹線の青函トンネルとその前後の区間の約82kmだろう。新幹線の1435mm軌間と、おもに貨物列車が走る在来線の1067mm軌間の両方に対応した軌道は3本のレールが並んでいる。片側の1本のレールを共用し、残る2本のレールをそれぞれの車両が使用するという構造だ。

　メリットは、軌間の異なる2種類の列車を、別々の線路を敷設することなく、同一の軌道上に運転できること。青函トンネルの場合、もし新幹線と貨物列車を完全に分離するとすればもう1本トンネルを掘らなければならないということを考えると、両者が共存できるこの方式は合理的だ。逆にデメリットとしては、分岐器をはじめ線路の構造が全体的に複雑になることと、それぞれの軌間で車両の中心位置がずれるため、架線や駅のホームをはじめとする線路際の建造物に特別な配慮が必要になる点が挙げられる。

　これまでの国内でのおもだった採用例としては、奥羽本線神宮寺〜峰吉川間、京急電鉄逗子線金沢八景〜神武寺間、箱根登山鉄道入生田〜箱根湯本間があった。奥羽本線は、秋田新幹線と在来線の共用。京急電鉄は、金沢

❶秋田新幹線と奥羽本線の神宮寺〜峰吉川間にある三線軌条らしい三線軌条区間だ　2016.1.10　奥津軽いまべつ〜木古内車両と箱根登山鉄道が相互乗り入れを行なう三線軌条だったが、現在は箱根登山鉄道の入出庫のため箱根湯本〜入生田間を残して廃止されている　1993.6.18

1995.5.15　❷青函トンネル内とその前後はもっとも新写真：久保田敦　❸かつて小田原〜箱根湯本間は小田急

　八景〜金沢文庫間にある総合車両製作所（旧・東急車輛製造）を出場した車両が、ＪＲ逗子駅へ送り込まれる時に使用するために３線軌条となっている。ここでは、車両の中心位置が異なることによって車両とホームの幅が大きく開くことを防ぐため、共用レールの位置を左右に入れ換える「振分装置」と呼ばれるポイントに似た装置が設置されており、レイルファンの間では、逗子線の知られざる名物となっている。もっとも、振分装置が動く様子は総合車両製作所を出入りする回送車両が走る時しか見られない。

　かつて国内の三線軌条の代表格だったのが、箱根登山鉄道の小田原〜箱根湯本間だ。小田原〜強羅間を結ぶ1435mm軌間の箱根登山鉄道に、1067mm軌間の小田急電鉄の車両が乗り入れるために設けられ、1950（昭和25）年以来、特急ロマンスカーをはじめとする小田急の車両が頻繁に乗り入れていたが、小田原〜箱根湯本間の輸送力を増強するため、2006（平成18）年のダイヤ改正からこの区間は全て小田急の電車で運行することになり、今では三線軌条は車庫のある入生田〜箱根湯本間だけに縮小されてしまった。

　そのような経緯、縮小もあったことから、国内での三線軌条方式の存在が揺らぎはじめたかにも見えたが、そこに誕生したのが北海道新幹線の三線軌条だった。現在は時速140kmでの運転だが、将来的には時速200km超での運転も計画されている。

　三線軌条は英語ではDual Gauge（デュアルゲージ）と呼び、世界各地に存在するが、日本にはないのがTriple Gauge（トリプルゲージ）と呼ばれる３つの軌間を同時に運行できる軌道。４本のレールを並べた軌道だが、ここまでいくと複雑さも半端ない。

# 踏切注意の標識

## 歴史を重ねるごとに徐々に複雑化した

昭和20年代は進駐軍の面影がまだ随所に残っていた　1953.7　横須賀線大船付近

● 時代や場所によりさまざまな図柄が……

　踏切の近くには必ずある、蒸気機関車や電車のシルエットが描かれた「踏切」の標識。これは線路の上というよりも、道路の上の話になってしまうが、鉄道とは切っても切れない存在の標識だ。

　この標識、下に「踏切注意」と書かれた板があることが多いため「踏切注意」の標識だと思われがちだが、じつは「踏切あり」が正式な呼び名。「落石の恐れあり」や「ロータリーあり」などの標識と同じく「警戒標識」と呼ばれる仲間だ。大きさは1辺が45cmで、色は黄色地に黒と決まっている。

　「踏切あり」の標識には長い間、小型蒸気機関車のシルエットが使われてきた。黒一色で描かれた3軸のタンク機はやや寸詰まりな印象で、国鉄のC11形やC12形というよりは、貨物専用線やローカル私鉄などで活躍した小型の蒸気機関車を連想するイラストだ。しかし、あのシルエットが蒸気機関車の印象をうまく捉えていたのは間違いなく、誰が見ても「鉄道が近くを通っている」ことを理解させるにはじゅうぶんだった。

　だが、蒸気機関車が全国各地で活躍していたのはもはや前時代のこと。煙を吐く蒸気機関車を登場させても「鉄道」であることが連

山手線内に残る蒸気機関車
タイプの踏切注意の標識
2011.1.14　駒込～田端

京浜急行電鉄神奈川
新町車庫線の踏切
2014.7.15

想しづらい世代が増えるにつれ標識の意味がなくなっていく。1986（昭和61）年には、蒸気機関車のシルエットに変わってパンタグラフを載せた電車のシルエットの標識が新たに登場した。非電化区間ではディーゼルカーを意識してパンタグラフを省略したスタイルの標識もあるが、バスのようにも見えてちょっと分かりにくい気がする。

蒸気機関車の標識は次第に姿を消しているが、「もういちど、あの蒸気機関車の標識を見てみたい」と思っているレイルファンも多いのではないかとも思えてくる。ちょうど、本物の蒸気機関車が姿を消した途端に復活を望む声が多方面から挙げられたように……。

そういえば、都電荒川線の踏切にも蒸気機関車のシルエットの「踏切注意」が建てられていたことがあった。創業以来いちどたりとも蒸気機関車による列車が走ったことのない荒川線だったが、違和感が感じられなかった。

いわゆる道路標識とは別に、踏切の無理な横断をしないよう注意を促す看板を鉄道会社や地元の自治体などが建てていることがある。線路観察という点ではこちらも面白い。昔ながらの第四種踏切などには「でんしやにちゆうい」と筆文字で書かれた看板があったりして、なかなか味わい深い。ＪＲ西日本の踏切には、丸形で黄色地に赤枠の「踏切　とまれ」と書かれた看板が設置されている。

私鉄の場合は自社のキャラクターや電車をあしらった看板があることも多い。最近、東急電鉄の踏切には、同社のキャラクター「のるるん」が描かれた「警報がなったらそとにでて」と促す看板がある。筆者が伊豆箱根鉄道の沿線で見かけた看板には、駿豆線を走る7000系電車のイラストが描かれていた。もっとも、この看板があったのは大雄山線の踏切なので、いくら待ってもイラストの電車が走ってくることはないというのがミソだ。

# 蒸気機関車時代の名残り

## 現代に蘇った設備も各地に出現

旅客営業廃止から4カ月程経った頃の手宮機関庫　1960.9.30　手宮線手宮駅（現・廃止）

### ● SLを運行するための大掛かりな設備

　保存・観光用としての存在を除けば、日本の鉄道から姿を消して久しい蒸気機関車。かつては蒸気機関車こそが鉄道の主役だった。だが、蒸機時代から残る施設が散見できるところがまだ残っている。

　代表的なのはターンテーブル（転車台）だ。蒸気機関車時代には方向転換を行なうために欠かせない設備だったターンテーブルは、方向転換の必要がない電気機関車・ディーゼル機関車、さらに電車やディーゼルカーの時代には必要不可欠な施設ではなくなった。しかし、いまでも蒸気機関車の動態保存運転を行

なっている路線はもちろんのこと、それ以外でも工場などで車両の方向転換を行なうために使用されている例もある。

　蒸気機関車の保存運転でよく知られているのが静岡県を走る大井川鐵道だ。同鉄道本線の終点である千頭（せんず）駅構内には、人力で動かすターンテーブルがあり、回転する際には大勢のギャラリーがカメラを片手に集まってくる。これは1897（明治30）年にイギリスで製造され、日本国内に現存するイギリス製のターンテーブルのうち、製造所が判明しているものとしては最古という由緒ある施設だ。日本機械学会の「機械遺産」にも登録されており、

❶全国無煙化達成後山口線にSLが6年ぶりに復活、転車台のC57 1と扇形庫　1979.7　小郡機関区（当時）❷神奈川県足柄上郡山北町の鉄道公園にある山北機関区跡の碑。同園内に静態保存されているD52 70は圧縮空気を動力源として2016（平成28）年秋に動態化の予定　御殿場線山北　❸現役で稼働中の転車台　2011.6.4　上越線水上駅　❹国鉄時代のターンテーブル（現在は撤去）　1997.7.19　会津鉄道・野岩鉄道会津高原（現・会津高原尾瀬口）

　いまでは観光名所として親しまれている。
　言葉を重ねるが、ターンテーブルが残っているのは蒸機の保存運転が行なわれているところだけではない。現在は使用されていないが、その姿を留めている例もある。たとえば、北陸新幹線の延伸開業により第三セクター鉄道のしなの鉄道に移管された信越本線の黒姫駅構内。長らく使われていないターンテーブルがその姿を留めており、ホームや跨線橋からも見ることができる。
　このほか、蒸気機関車の運転に必要な施設としては、給炭台と給水塔の存在が挙げられる。給炭台は機関車に石炭を積み込むための台で、機関区などの線路際にレンガ造りやコンクリート製の台が設けられていた。給水塔は機関車に水を補給するための施設だ。これらの施設は機関庫の片隅などにいまも残っていることがある。
　このほか、乗客にとって身近だった施設と

してはホーム上の洗面台がある。蒸気機関車の時代、煤で汚れる長旅の途中には欠かせない施設だった。蒸機の時代が過ぎ去ってからも夜行列車の乗客が朝の洗面や歯磨きなどに使う施設として親しまれてきた。
　かつて俎上に載ったのは東海道本線の米原駅ホームにあった洗面台だろう。鏡の付いたタイル張りの立派な洗面台は、鉄道の要衝としてかつて数多くの長距離列車が発着した駅らしい風格をたたえていたが、近年撤去されてしまった。日豊本線の別府駅にも最近まで洗面台が残っていたが、これも撤去されている。山陽本線の下関駅も同様だ。だが、まだ全国各地を探せば残っていると思う。
　ちなみに、蒸機による長距離夜行などが走っていた路線ではないが、三島と修善寺を結ぶ伊豆箱根鉄道駿豆線の修善寺駅や大仁駅には、タイル張りのレトロな洗面台が現存している。

# スイッチバック

## 車両の性能が高まりだんだん数を減らしていった

スイッチバック駅の例。画面左奥は行き止まりで右下に本線が走る　2010.8.19　篠ノ井線姨捨

### ●いろいろなスイッチバックの形態

「スイッチバック」はレイルファン以外にもかなり浸透している鉄道用語のひとつではないだろうか？　たとえばスイッチバックを繰り返して急勾配を登る箱根登山鉄道の車内などでは、それが名物ということもあるにせよ、一般的な言葉のように聞こえてくる。

ひとくちにスイッチバックといっても形態の違いがあり、箱根登山鉄道のように本線自体が行止まりとなっており、勾配を登るために折返しを行なうかたちと、勾配区間に駅や信号場を設けるため、本線から分岐した枝線が出ているタイプの2つが代表的だ。

前者の例としては箱根登山鉄道のほか、一般の乗客が利用できる路線ではないが、富山県にある通称「立山砂防軌道」として知られる国土交通省立山砂防工事専用軌道が挙げられる。この軌道は、歴史上多数の水害を引き起こしている急流、常願寺川の砂防施設のための物資や人員を運ぶことを目的に敷設された、軌間610mmのナローゲージの軌道だ。全線の距離は約18kmだが、スイッチバックは路線内の8カ所で計38段、しかもうち1カ所では連続18段のスイッチバックがあり、起点と終点の標高差は640mに及ぶという世界でも有数のスイッチバック連続路線だ。一般の人も砂防施設の見学会に参加すると便乗できる機会がある。

❶かつてスイッチバックがあった奥羽本線板谷駅　1971.5.16　❷土讃線の秘境駅坪尻駅もスイッチバック式だ　1994.9.26　❸奥羽本線では福島県と山形県の県境の難所、赤岩、板谷、峠、大沢の4駅連続スイッチバックが有名だったが、山形新幹線工事の際にすべて撤廃された　1971.5.16　奥羽本線赤岩

　後者の代表例は善光寺平を望む雄大な車窓風景「日本三大車窓」のひとつとして知られる、JR篠ノ井線の姨捨駅が挙げられる。勾配区間のスイッチバックとしてはこちらの例が多い。通過列車はスイッチバックすることなく通り抜けられるので、幹線鉄道に向いている。このほかでは、駅自体が周囲になにもない山のなかにあり「秘境駅」として知られているJR土讃線の坪尻駅などがある。

　勾配区間のスイッチバックで変わった例としては、現在は解消されたが長野電鉄の湯田中駅があった。同駅は湯田中温泉、渋温泉への玄関口となる長電山ノ内線の終点だが、駅構内を出るとすぐに40‰の勾配にかかってしまうため、同線で最長である3両編成の有効長が取れなかった。そこで3両編成全体が平坦な場所に停まれるよう、短いながらスイッチバックをしてホームに入るというかたちをとっていた。同駅の終端側には踏切が

あったため、電車が到着すると終点でありながら踏切が一旦閉まるという光景が見られた。このスイッチバックは2006（平成18）年の9月末で解消されている。

　都市部や平坦な区間にある行止まり式の中間駅も「スイッチバック」と呼ばれる。例を挙げるとJR磐越西線の会津若松駅や西武鉄道池袋線の飯能駅、小田急電鉄江ノ島線の藤沢駅などだ。西武池袋線の所沢などから西武秩父発の特急「レッドアロー」に乗ると、大半の乗客が進行方向とは逆向きの状態で座席に座っていることが多い。発車時は前向きに座っていたのが、飯能で進行方向が変わってからもそのままの状態で座り続けているためだが、事情を知らない人は奇異な光景に思える。小田急江ノ島線の特急ロマンスカーも藤沢駅で進行方向が変わるが、こちらは藤沢〜片瀬江ノ島間の距離がわずかなこともあり、こういった事態にはお目にかからない。

# 路面電車の線路

## 専用軌道と併用軌道

専用軌道を走る川崎市電200形201。1969（昭和44）年4月1日廃止直前の姿　1969.2.7

### ●軌道のいろいろ

　初めて訪れる街では、系統の複雑さなどで分かりにくいことがある路線バスよりも、道路上に線路が通っている路面電車が走っていれば、そのほうが分かりやすく乗りやすい印象を受ける。さて、その路面電車の線路はどのように敷設されているのだろうか？

　路面電車の軌道といえば、ほとんどの場合見えているのは銀色に輝く2本のレールの頭部のみだ。一見すると道路に線路を埋め込んで固定しているかのように見えるが、じつは路面電車の軌道も、基本的には一般の鉄道のようにマクラギによって固定され、バラストの上に敷設されている。その上を石畳やアスファルトなどで舗装し、路面と一体化する仕上げを行なっているわけだ。

　基本的にはこのようなかたちで路面電車の線路は敷設されているが、上部が覆われているためメンテナンスには困難が伴う。かつて路面電車の軌道といえば石畳が多かったが、これはコンクリートなどで覆ってしまうのと異なり、敷石を剥がしてメンテナンスを行なったのち、再び元に戻すことができるという理由からだった。現在はアスファルトで舗装されている例が多いが、車の通行などでひび割れが起きやすいという難点もある。そこで、最近国内でも採用が増えてきているのが「樹脂固定軌道」と呼ばれるタイプだ。

❶樹脂固定軌道の併用軌道を往く土佐電気鉄道(現・とさでん交通) 800形802　1999.9.30　桟橋線桟橋通四丁目電停　❷1000形1003号 "グリーンムーバーＬＥＸ"　2014.7.15　広島電鉄軌道線原爆ドーム前　写真：松本洋一
❸アスファルト舗装の軌道を往く鹿児島市交通局2120形2022　2002.7.13　❹7000形7003号 "ユートラムⅡ"　2009.8.6　鹿児島市交通局鹿児島中央駅前　写真：松本洋一

　樹脂固定軌道は、簡単にいえばコンクリート板（スラブ）の溝にレールを配置し、樹脂を注入してレールを固定した軌道。ヨーロッパで開発された方式で「インファンド軌道」とも呼ばれている。振動や騒音が抑えられるのが特徴で、日本では2002（平成14）年に熊本市交通局で初めて導入された。富山ライトレールでは大々的に採用されているほか、その他の都市でも導入例が増えている。

　同様に最近注目を集めているのは「芝生軌道」だ。従来使われていたアスファルトなどの代わりに芝生で軌道を覆い、景観の向上やコンクリートによる気温上昇を防ぐ効果などがある。こちらもヨーロッパでは導入例が多いが、日本でも次第に広まってきた。大規模に導入しているのは鹿児島市交通局で、2004（平成16）年に初めて採用し、いまでは多くの区間が緑化されている。実際に軌道敷の温度は車道部分の路面と比べて18℃程度低くなるといい、ヒートアイランド現象の緩和にひと役買っている。今後、路面電車の軌道といえば芝生という時代が来るかもしれない。

　路面電車はレール自体にも特徴がある。現在の路面電車はほとんどが一般の鉄道と同じレールを使用しているが、以前は「溝付きレール」と呼ばれる特殊な断面のレールが使われている例が多かった。溝付きレールとは、簡単にいえばレールの頭部に車輪のフランジが通るための溝が通っているレールだ。現在は国内では製造されていないが、ヨーロッパでは広く使用されており、富山ライトレールでも輸入品が採用されている。

　車両もそうだが、軌道に関しても路面電車の新技術ではヨーロッパの技術が使われるケースが多い。日本は世界に冠たる鉄道先進国といわれるが、路面電車の活用に関してはヨーロッパ諸国に一日の長がある。そんな一面が見えてくるのも面白いところだ。

# ループ線

## 黎明期の鉄道でも最新の交通機関でも見られる

レインボーブリッジの下層を通る臨港道路海岸青海線と一体となったループ線　2016.4.16　ゆりかもめ芝浦ふ頭駅付近

● 数々のドラマも生まれた

「ループ線」というと、険しい山を越えるため、ヘビがとぐろを巻くように線路を敷設して勾配を緩和しながら山間部に挑む線路……というイメージだ。「国境の長いトンネルを抜けるとそこは雪国であった」の冒頭で知られる川端康成の『雪国』。よく知られているとおり、この「国境のトンネル」とは、群馬県と新潟県の県境にある清水トンネルだが、この区間もループ線としてよく知られている。このほか、北陸本線の敦賀〜新疋田間、肥薩線の大畑ループ線など、全国各地でループ線は鉄道の名所として知られてきた。

だが、じつはループ線はとくに山間部まで行かなくても、市街地で簡単に体験できるのだ。都市部で気軽に楽しめるループ線をちょっと紹介してみよう。

たとえば、千葉県にある新交通システムの「山万ユーカリが丘線」。不動産会社が運営する新交通システムとして知られる路線だが、この路線は京成線のユーカリが丘駅を起点に上から見るとテニスのラケットのかたちをした路線になっており、グルッと1周して戻ってくる「ループ線」。さいたま市の「鉄道博物館」への足としてもおなじみの「ニューシャトル」の愛称で知られる埼玉新都市交通も、大宮駅にはぐるりと1周回って折り返す「ループ線」がある。日本初の新交通システ

肥薩線大畑駅構内には、日本で唯一ループ線の途中にスイッチバックをあわせ持つ　1996.5.12

ム、神戸新交通ポートアイランド線も中間部にグルッと回る「ループ線」がある。

　……と書くと、そんなのは円を描いているだけで「ループ線」ではないではないか、と指摘されそうだが、じつは英語ではこちらのほうが本来の「ループ線」なのだ。Loopは環状ということなので、環状でない勾配を上るためのループ線にはあてはまらず、海外でループ線といえば路面電車の折返しにつかう、線路末端部の環状線などのことを指すのがふつうだ。日本で一般的にいわれる「ループ線」のことは、英語では「スパイラル（Spiral）」と呼ぶ。

　とはいえ、これだけではちょっと残念なので、勾配を上るためのいわゆる「ループ線」を都市部で体験できる例を紹介しよう。それは、お台場など東京の臨海副都心への足として親しまれる「ゆりかもめ」だ。

　ゆりかもめがお台場に向かう際、湾を越えるために渡るのが有名な「レインボーブリッジ」。この橋は下を大型の客船などが通れるように設計されており、橋桁の高さは約52mある。この高さまで登るため、ゆりかもめの芝浦側アプローチは雄大なループ線を描いているのだ。グルッと回って高度を稼いでいく全景を見渡せるループ線は、ほかではなかなかお目にかかれない。しかも「ゆりかもめ」は無人運転なので、最前席からのループ線の展望を楽しめるという貴重な体験ができる。

　最後に、いまでは列車が走る姿を見られないループ線についても触れておこう。といってもサハリン（樺太）の有名なループ線・豊真線宝台ループなどではない。愛知県の小牧駅と桃花台ニュータウンを結んでいた「桃花台新交通」は、運転台が片側だけにしかない車両を使った新交通システムで、両端駅はループ線をグルッと回って折り返す形態だった。2006（平成18）年10月に廃止されてしまったが、こんな街中にも「廃線になったループ線」が存在するのだ。

# 信号場

## 駅のないところに停車するわけ

西武鉄道池袋線の武蔵丘信号場では列車の行違いのほか乗務員の乗降も行なわれる　2013.10.13　写真：筆者

● 信号場は停車場のひとつ

　単線区間の沿線を歩いていると、駅ではないのに行違い設備を備えた場所に出会うことがある。たとえば観光客に人気の江ノ島電鉄。国道134号と並走して走る鎌倉高校前〜七里ヶ浜間には、駅ではないが列車交換のできる場所があり、電車は一旦停止する。ここは「峰ヶ原信号場」と呼ばれる信号場だ。

　信号場は、国土交通省が定める「鉄道に関する技術上の基準を定める省令」によると、駅と同様に「停車場」に含まれ「専ら列車の行き違い又は待ち合わせを行うために使用される場所をいう」と定められている。

　信号場にもいくつかのタイプがある。先に挙げた江ノ電の峰ヶ原信号場は、単線区間で行違いができるように設けられた代表的な例だろう。

　単線で行違いを行なう信号場でも、必ずしもポイントによって一部区間を複線にしたかたちだけではない。では、ほかにどのような例があるかといえば、山岳路線に見られるスイッチバックだ。たとえばＪＲ篠ノ井線の姨捨駅〜稲荷山駅間にある桑ノ原信号場は、単線の本線からヒゲのように2本の引上げ線が伸びており、待避する列車はここに入って列車の通過を待つ。

　日本を代表する登山鉄道として名高い箱根登山鉄道には出山信号場、上大平台信号場、

❶西武鉄道池袋線の北飯能信号場。隣の武蔵丘信号場との区間は、実質的に複線のようになっている ❷西武鉄道多摩湖線にあった本町信号場。現在は機能を停止している　2013.10.13　写真：筆者（2点とも）❸中央本線小野～塩尻間の旧線にあった東塩尻信号場。1983（昭和58）年7月5日にみどり湖経由の新線が開業し、同年10月12日に廃止された　1965.6

仙人台信号場の3つの信号場があるが、このうち前2者はスイッチバック式だ。桑ノ原信号場と比べると、こちらは列車交換だけでなく、急勾配を上ること自体を目的としてスイッチバックを行なう線形になっているため、本線自体が行止まりとなっており、列車交換がない場合でも必ずスイッチバックを行なう点が異なる。列車交換の際は行止まりになっている部分に上りと下りの電車が入線し、それぞれの方向に向かって進んでいく。

列車交換を行なう信号場のほかに、路線が分岐する場所に設けられている信号場もある。たとえば、名古屋鉄道の本線とJR飯田線が分岐する、名鉄の「平井信号場」だ。名鉄と飯田線はこの信号場から豊橋駅までの間を共有しており、上り線を名鉄、下り線をJRが所有している。

単線区間と複線区間の分かれめにも信号場

が設けられる。たとえば、西武鉄道新宿線の終点、本川越駅の手前にある脇田信号場だ。西武新宿線はこの信号場まで複線だが、ここから先は単線となって本川越駅に至る。

西武鉄道は大手私鉄としては比較的信号場が多い鉄道で、とくに有名なのは正丸トンネル信号場だ。西武秩父線の正丸駅～芦ケ久保駅間にある全長4811mの正丸トンネル内に存在し、列車交換や追い抜きなどに使用される。同トンネルは開業時、私鉄としては最も長かったトンネルで、駅間の長さからトンネル内に信号場が設けられた。トンネル内の信号場は北越急行ほくほく線にもある。

最後に、西武の変わり種信号場をもうひとつ。東中峰信号場だ。単線で行違いを行なう一般的な配線だが、この信号場があるのは山口線の遊園地西駅～西武球場前駅間。ゴムタイヤで走る新交通システムの信号場なのだ。

# そのほかの鉄道設備

～電気設備や
　　そのほかの鉄道について～

架線／架線柱／信号機／列車種別選別装置／第三軌条／モノレールのレール／新交通システムの軌道

# 架線

## ただ電線を吊っているだけではない

東北・上越新幹線大宮〜上野間建設工事で架線接続施工中の架線延線車　1985.1.29　大宮駅構内

### ● 単なる電線とは違う高度な構造物

　電車や電気機関車に電力を供給する架線。電化されている鉄道にはなくてはならないものだ。駅などで、電車が通過したあとに架線が揺れているのを見ることがよくあるだろう。あのような様子を見ていると、架線は人間の手でグニャっと曲がるような柔らかい素材でできているのではないかと錯覚するが、実際にはおもに銅を中心とした合金でできており、手で曲げるのは困難なほど固い。
　ひとくちに「架線」といってもさまざまな部分から成り立っており、パンタグラフが接触する部分の線は「トロリ線」という。
　架線の張り方にもいくつもタイプがあり、

もっともシンプルなのは、トロリ線を直接ワイヤーなどで吊り下げたタイプだ。この方式のことを「直接吊架式」という。設備がシンプルで済む代わり、どうしてもトロリ線がまっすぐにはなりにくいためスピードを出す路線には向いておらず、おもに使用されるのは路面電車などだ。ＪＲでも新潟県の弥彦線や越後線、和歌山県の和歌山線など一部の路線でこの方式が使われている。
　もっともよく見かけるのは、架線柱から「吊架線」と呼ばれる線を吊り下げ、そこからトロリ線を吊るす「吊架式（カテナリー）」と呼ばれるタイプだ。この方式だと、直接吊架式よりもトロリ線をストレートに保てるた

❶新幹線架線延線車　1969.4.25　撮影場所不詳　❷架線のテンションバランサ。装置には重りと滑車で作用するものと写真のようなばね式があり、最近はばね式に交換される例が多い　2011.10.14　山手線駒込～田端　❸電車線凍結を防止するためのトロリ線塗油装置　1971.8.30

め、ある程度のスピードを出す路線にも向いている。大半の私鉄やＪＲ在来線で見られるのはこのタイプだ。

　さらに高速鉄道向きなのが「コンパウンドカテナリー」と呼ばれるタイプだ。これはトロリ線の上にもう１本、補助の吊架線を設けた構造で、東海道・山陽新幹線などで見られるが、部品点数が多いことから、最近は新幹線でも単なる吊架式の架線が用いられている。在来線でも見ることができ、とくに圧巻なのは関西地区を走る京阪電鉄の複々線区間だ。

　このように、架線の見ためから路線の性格をある程度判断することもできる。電柱や電線は景観上の問題から批判されることも多いが、鉄道の架線は意外とそういった話を聞かない。だが「撮り鉄」は、架線の影が車両の前面に落ちるようなアングルは避ける。

　架線はパンタグラフと常に接触しているため、徐々にすり減っていく。そのため、夜間などに交換作業が行なわれる。鉄道関係者によると、トロリ線がすり減りやすいのは意外にも高速で列車が走る区間ではなく、電車が停車し、パンタグラフが長時間１カ所に接触している駅などの部分だという。電流が長時間流れている場所のほうが減りやすいということだ。

　ちなみに、一般的には架線は「かせん」と呼ばれ、ニュースのアナウンサーなどもこのように読むが、鉄道の現場では「がせん」と呼ばれる。理由は、他の用語（仮線、活線など）との混同を避けるためだ。架線の話をするときに「がせん」というとちょっとプロっぽいかもしれない。

# 架線柱

レイルファンはこれを見ただけで線区がわかる？！

4線跨用エルボータイプの門型鋼管柱と鋼管ビームの一例　2014.11.13　中央本線御茶ノ水〜水道橋

● **電車の運行を文字どおり支える柱**

　第三軌条集電の地下鉄はさておき、電化された鉄道にはなくてはならないのが架線。そしてその架線を支える架線柱も必要不可欠な設備だ。線路端を歩いている時や、電車内からだと最前に乗っている時などに特徴ある架線柱に出会うこともある。

　ひとくちに架線柱といっても、さまざまな部材で構成されている。一般的に「架線柱」といった場合の主要部分である、垂直に建っている柱は「電柱」だ。

　電柱にはさまざまな素材があり、今や都市部や幹線ではほとんど見られなくなってしまったのが木製だ。ローカル私鉄などではまだまだ見られ、大手私鉄でも名古屋鉄道の支線などでは見ることができるほか、準大手の神戸電鉄にも木製の柱がある。コストが比較的安く済み、軽いというメリットがあるが、防腐処理を施しても腐食の可能性があることや、シロアリによる被害などもあるといい、その他の材料への置換えが進んできた。

　トラス構造などの鉄柱もよく見かけるタイプだ。鉄柱は耐久性が高く、強度が高いいっぽうで比較的軽量につくることができる。また、木製やコンクリート製と比べた場合の大きなメリットは、特殊なかたちの柱がつくりやすいこと。高圧送電線などが上部に通っている高い架線柱をたまに見かけることがある

 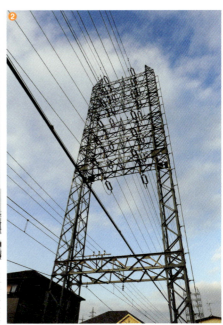

❶豊橋鉄道市内線のセンターポール式架線柱　1998.4.10　❷東田本線豊橋公園電停付近　❷送電線と共用の架線柱
2012.12.31　西武鉄道西武多摩川線

　が、こういった柱は木やコンクリートではさすがにつくれない。ただし、メンテナンスを行なわないと錆びてしまう。

　鉄柱は木製に変わって戦前から使用されていたため、古い鉄柱が残っているケースも多い。上部に向かって細くなっているタイプのトラス型鉄柱は古くから残っている柱であることが多い。京成電鉄の日暮里付近の高架線には、開業当時の架線柱が何本か残っている。建植された年月を書いたプレートが柱にあるので、車窓から見てみると面白い。

　一般の電線の電柱同様、いま最も多く見られるのはコンクリート柱だろう。コンクリートの場合、メンテナンスに手間がかからず、半永久的に使えるのがメリットだ。鉄柱よりコストも安いため、全国各地で使われている。

　また最近よく見られるようになったのが鋼管柱だ。たとえば東京都と茨城県を結ぶ「つくばエクスプレス」のような新しい路線で見

られる、丸いパイプ状の柱だ。鉄柱と同様に強度の割には軽く、トラス構造の柱に比べればメンテナンスも容易にできるほか、外観もスマートなため、採用例が増えている。

　線路をまたいで２本の電柱の間をつないでいる部分は「ビーム」と呼ばれる。鋼管柱の場合はビームも一体化した門型になっていることが多い。路面電車などに見られる「直接吊架式」の架線の場合は、電柱の間にワイヤーを渡し、そこから吊り下げる方式が見られる。

　架線柱そのものとはちょっとずれるが、線路際でたまに見かけるのが、重りのぶら下がった滑車のついている架線柱だ。これは「自動張力調整装置」と呼ばれ、架線の張力を一定に保つための装置だ。同様の役割を果たすものとして、バネによって張力を保つ「スプリングテンションバランサー」もあるが、こちらは見かけ上はあまり目立たない。

# 信号機

## 道路の信号機とはかなり違う表示の意味

駅前に保存された腕木式信号機　2013.10.19　八戸線階上

### ● 道路の信号とはまるで違う表示の意味

　線路端を歩いていて気になる鉄道施設の代表格といえば、やはり信号機ではないだろうか。いまでは車内信号システムを備えたATC化の進展で地上信号機のない路線も増えているため、鉄道信号の存在を知らない子どもたちもいるかもしれない。

　現在一般的に見られる信号機は「色灯式信号機」だ。国内で見られる色灯式信号機は、ランプが縦に2つならんだ「2灯式」から6つ並んだ「6灯式」まである。2灯式の場合は赤と緑の2色が基本で、3灯式より多い場合は赤・黄・緑の組み合わせとなる。黄色は正確には「橙黄色」と表現する。

　鉄道の信号システムの基本は、線路を一定区間ごとに区切り、そのなかには1列車しか入れないようにする「閉塞」の考え方だ。2灯式の場合は進行と停止の2つしか表すことができないため、次の閉塞区間には入れることが分かるものの、その次の区間には列車が存在する可能性がある。つまり、1つ先の閉塞区間の状態しか分からない。これに対し、3灯式以上の場合は、緑色の現示であれば2つ以上先の閉塞区間まで入れることが分かる。次の1区間しか入れない場合は「黄」が現示されるためだ。前者を「二位式（ワンセクションクリア）」、後者を「三位式（ツーセクションクリア）」と呼び、後者のほうがより円滑

❶浅間山をバックに建っていた腕木式信号機　1955.5　信越本線軽井沢　❷ずらりと並んだ場内信号機　2013.4.18　西武鉄道狭山線下山口〜西武球場前　❸四現示式信号の例。写真は「進行」を示し列車は信号機を越えて進行できる　❹五現示式信号の例。写真は「警戒」を示し次の信号が停止である　❺写真は「減速」を示し次の信号機が警戒または注意である

な列車の運転が可能になる。複線区間は基本的に三位式だ。観察という意味では、信号が緑であれば2つ先以上の閉塞区間まで進めるのだな、ということが分かるわけだ。

　鉄道信号の特徴として、4灯式以上の場合、点灯するランプの組み合わせで意味を示しているところが挙げられる。たとえば一般的な5灯式の場合、上から黄・黄・赤・黄・緑の順にランプが並んでおり、一番上と4番めの黄色2つの組み合わせだと「警戒」、2番めの黄色と緑の組み合わせだと「減速」を示す。このように、3つの色でさまざまな意味を示すことができる。2つのランプを組み合わせて表示する場合は、必ず2灯以上間隔を開けるように定められている。

　特徴的な信号現示としては「フリッカー信号」がある。2番めの黄色と緑が明滅する現示で、これは105km/h以下を指示する「抑速現示」だ。京急電鉄が120km/h運転を開始する際、従来の信号現示のままだと最高速度か

ら「減速」の75km/hまで大きく幅が開いてしまい、ブレーキのための距離が不足する可能性があったために考えられた現示で、信号の増設や位置の変更を行なうことなく、従来の信号機を使って新たな現示を生み出した。現在は京急のほか、北総鉄道や京成成田スカイアクセス線でも見ることができる。

　かつて鉄道の信号としてイメージされることが多かったのは「腕木式信号機」。青森県の津軽鉄道の金木駅と五所川原駅では、場内信号機として腕木式信号機がいまも現役で使われている。ちなみに、腕木式信号機では腕木が斜め45度に下がった状態が「進行」、水平の状態が「停止」だ。これは、もしも信号を動かすワイヤーが切れるなどした場合、重力によって腕木が水平位置に戻り、停止現示になるように考えられているためだ。昔から信号は鉄道の安全の「守り神」であることがよくわかるくふうだ。

# 列車種別選別装置

## 都会の線区で威力を発揮

小田急電鉄の急緩行選別表示器。主信号機の下の縦に並んだ2灯のランプ　2013.5.12　相模大野　写真：池口英司

### ● 大都会の鉄道ならではの風景

　JRでも快速や通勤快速、各駅停車と複数の種別が走る路線はあるものの、多くの種別が運行される鉄道といえばやはり大手私鉄だろう。「準特急」「急行」「快速急行」「通勤快速」「準急」……など、数多くの種別が次々にやってくる私鉄の通勤路線は、実際に乗る際にわかりやすいかどうかは別として、ダイヤグラム上のくふうや活気が感じられて楽しいものだ。

　列車の種別は車両にある種別表示器や駅の発車案内表示板で知るのがふつうだが、じつはそういったものを見なくても、ある程度は線路端でわかってしまう方法がある。

それが「列車種別選別装置」などと呼ばれる装置の存在だ。

　鉄道会社によって呼び名は異なるが、この「列車種別選別装置」は列車に対して種別を伝えることが目的の装置。進路制御や停車駅誤通過の防止、または踏切の鳴動時間のコントロールなどに使用される。踏切の鳴動時間のコントロールとは、たとえばスピードの速い急行なら遠くから踏切を動作させ、ゆっくり走る各駅停車ならより踏切に近い位置で動作を開始するといったように、列車種別に応じて踏切の閉鎖時間を平均化することだ。

　では、この装置でなぜ種別がわかるかというと、列車に対して種別が何かを示すための

❶京成電鉄の緩急行選別装置と列車種別と番号の対応表。種別は信号機柱中ほどの四角の箱に表示　2015.4.18　京成津田沼　写真：池口英司　❷東武東上線の列車種別選別装置の表示灯　2014.10.25　❸発車する準特急に対して「特」と表示される京王電鉄の列車種別選別表示灯　2013.7.25　写真：筆者

サインが表示灯に現れるためだ。表示灯は線路端というよりは、基本的に駅の出発信号機の付近に設置されていることが多い。

「快」や「急」など、種別の文字そのものが表示されるのが、関東では京急電鉄や相模鉄道、京王電鉄だ。「特」や「急」はそれぞれ特急、急行であるとわかるが、「快」は京急の場合は快特、相鉄の場合は快速を示す。京急には「W」という表示もあり、これは座席定員制の列車「ウィング号」を示している。

同じように文字が表示されるものの、ちょっと変わっているのが京王だ。京王線には準特急という種別があるが、この列車に対しては新宿〜府中間では特急と同じ「特」、府中から先では急行と同じ「急」が表示される。停車駅がこれらの種別を組み合わせたパターンだからだ。

表示装置には数字が表示されるのみだが、わかりやすいのが京成電鉄だ。駅ホームの端部には親切にも数字と種別の対照表が掲出されている。これを見れば、誰でもどの数字がどの種別かを判別できる。具体的には、1番が普通、3番が急行、4番が快速……といった具合だ。京成は大手私鉄のなかでも有数の種別の多さを誇る鉄道で、表示灯に出る数字も1から8まであるが、2と3は欠番だ。この2つの数字は、かつてあった種別を表しているため、現在はそのまま使われない状態となっている。

種別ごとの文字による表示ではなく、単に優等列車か緩行（各駅停車）かで選別している鉄道会社もある。小田急電鉄では2つの丸い表示灯が縦に並んでおり、2つとも点灯していれば優等列車、1つなら緩行を示す。

当然ながら、列車種別自体は駅や車両に表示されているものを見ればわかることではあるが、このような見分け方もある……という点ではちょっと面白いのではないだろうか。

# 第三軌条

電車に電気を送る方法のひとつ

レール横に敷かれた第三軌条から台車の集電靴で電力を得る東京メトロ銀座線1000形　2012.4.4　中野車両基地

● 終電方法のいろいろ

　地下鉄らしい地下鉄、といえば、やはりパンタグラフのない電車が走る第三軌条集電方式の路線ではないだろうか。トンネル断面を極力小さくするため、架線ではなく線路の横に設置した集電用のレールから電力を得る第三軌条集電は、一般人が線路のそばを通る可能性のない地下鉄ならではのシステムだ。

　……といいたいところだが、じつは日本で初めての第三軌条集電の路線は地下鉄ではなかった。その路線とは、旧信越本線の横川〜軽井沢間。66.7‰という、かつて国鉄（ＪＲ）でいちばんの急勾配だった区間に1912（明治45）年、初めて電気機関車が導入された際の電化方式が、この第三軌条集電だったのだ。

　現在も軽井沢の駅前にある駅舎記念館には、当時ドイツから輸入された10000形電気機関車が保存されており、当時の第三軌条とともに屋外で展示されている。この機関車には屋根上にポールもあるが、これはトンネルのある本線では第三軌条集電、線路内を人が通行する駅構内では架線集電となっていたためだ。

　ところで、第三軌条集電といっても大きく分けて2つのタイプがあるのはご存知だろうか。軽井沢に保存されている10000形は、じつは国内の地下鉄で見られる第三軌条集電とはちょっと違う。どこが異なるかというと、地下鉄で使われているのは集電シューが第三

東京メトロ丸ノ内線の神田川を渡る明かり区間では第三軌条の様子が観察できる　2016.4.15　御茶ノ水〜本郷三丁目

　軌条の上をこする「上面接触」、かつて碓氷峠で使用されていたのはシューが第三軌条の下面をこする「下面接触」なのだ。
　現在、国内にある第三軌条集電の鉄道はすべて上面接触となっている。下面接触のほうが感電の危険は低そうだが、上から吊るかたちにしなければならないため敷設にはやや手間がかかる。日本の地下鉄では、上面接触でも上にカバーを設けて、安全性を保っている。
　第三軌条のレールは一見通常のレールと同じだが、じつは導電性の高い材質を使用した専用の導電用レールを使っている。一般的にはレールは固く丈夫なほうがいいが、第三軌条の場合はだいいちに電気抵抗の少なさが求められるためだ。
　第三軌条区間で面白いのは、基本的には電化区間なら必ず全部の場所に張ってある架線と異なり、ところどころで第三軌条が途切れている区間があることだろう。東京メトロ銀座線の01系はすでに完全引退の時期が近づいているが、この車両登場以前に走っていた銀座線の電車はポイントを通過中や駅に近づくと車内の電気が一瞬消えることが利用者に知られていた。これは、ポイント部分では第三軌条を設置できないため、集電が不可能だったからだ。また、多くの駅では第三軌条が一瞬途切れるためだ。ちなみに第三軌条が一部区間で途切れても、編成のどこかでは必ず集電できているので走行には問題がない。
　設置されている場所柄、なかなか近くで観察するのは難しい設備だが、第三軌条集電の地下鉄に乗る際はちょっと注意してみよう。

# モノレールのレール

## 普通鉄道にくらべて大がかりな構造物

東京モノレールの線路切替工事　2010.4.10　羽田空港線整備場～天空橋

### ● すべてがダイナミックな構造物

　一般の鉄道とは構造がまったく違うだけに、興味をひくのがモノレールだ。じつは日本は世界に冠たるモノレール大国で、数えてみると現在10路線のモノレールが存在する。このうち6路線が軌道にまたがって走る跨座式、4路線が軌道にぶら下がって走る懸垂式だ。懸垂式のなかでも、千葉県の千葉都市モノレールは世界最長の路線を誇り、ギネス世界記録に認定されている。跨座式でもかつては大阪都市モノレールが世界一の長さを誇っていたが、現在は中国の重慶モノレールにその座を譲った。余談だが、重慶モノレールは日本の技術で建設されたため、車両は大阪モノレールとほぼ同じかたちだ。

　跨座式モノレールの軌道といえば細長いコンクリートのレールを想像するだろう。実際にコンクリート製の部分が多い。だが、区間によっては鋼鉄製の部分もある。交差点をまたぐ部分など、橋脚のスパンの長いところでは鋼製の桁が使用されていることがあり、乗っていても走行音の違いで気づくことがある。

　モノレールの軌道で面白いのはやはり分岐器（ポイント）だろう。とくに跨座式の場合、桁そのものがグイっと動く様子は、一般の鉄道のポイントでは見られないダイナミックな場面だ。多くの場合、本線上にある分岐器は複数の桁を関節でつなぎあわせ、スムーズな

❶名古屋市営東山公園モノレール開通式。いかにも1960年代のデザインが懐かしく、正式な鉄道であったが1974（昭和49）年6月1日に運行を休止し同年12月18日に廃止された　1964.2.7　❷大阪万博開催中の1970（昭和45）年に会場で約半年間のみ運転された跨座式モノレール　1970.3.21　❸開業に向け試運転中の北九州モノレール　1984.11.6 北九州高速鉄道小倉線

曲線を描くようにした「間接可撓式（かんせつかとう）」と呼ばれる方式になっている。大きな桁がグニャリと曲がるように動く跨座式モノレールの分岐器は迫力がある。

観察するなら、東京であれば東京モノレールで空港快速などが各駅停車を追い抜くという、全国で唯一モノレールでの待避がある昭和島駅、大阪なら支線の彩都線（さいと）が分岐する万博記念公園駅が面白いだろう。国内のモノレールで支線の分岐があるのはこの駅だけで、複雑な構造の分岐器がグニャリと曲がる様子は何かの生き物のようだ。

モノレールとは異なる乗り物だが、愛知県を走る磁気浮上式のリニアモーターカー、リニモ（愛知高速交通東部丘陵線）の分岐器も同様に複数の桁に分割されており、ぐにゃりと曲がる様子が面白い。

懸垂式モノレールは、箱形の桁で走行部分が覆われているため分岐器の動きは跨座式のようにはっきり見えないが、真下から覗くと桁の内側で分岐器が動いているのがわかる。乗っている際の迫力では、車体の真下に何もなく宙を行くような懸垂式が跨座式を上回るように思える。

懸垂式でも構造が異なるのは東京都の恩賜（おんし）上野動物園のモノレールで、これは台車が桁の上側を走る構造。車体は片アームでぶら下がっている。非常に短距離だが、日本で初めて開業した営業用のモノレールだ。

ところで、モノレールといえば急カーブや急勾配が多いのも特徴のひとつ。一般の鉄道であれば勾配標や曲線標が線路際に建っているはずだが、モノレールの場合はどうだろう……と探ってみると、湘南モノレールでは桁を支える支柱にこれらの標識が描かれている。信号機も支柱に取り付けられている。

# 新交通システムの軌道

## ゴムタイヤで走る鉄道のいろいろ

西武鉄道の案内軌条式鉄道「レオライナー」 2013.4.18 山口線西武球場前〜遊園地西

### ●思ったよりも見どころがたくさん

　東京近傍の人なら「ゆりかもめ」や「日暮里・舎人ライナー」、大阪近傍の人なら「ニュートラム」でおなじみの新交通システム。漠然とした呼び名だが、ここではモノレールと札幌市営地下鉄を除くゴムタイヤ走行の中規模な旅客輸送システムを取り上げることにする。

　日本は世界的に見ても新交通システムの多い国で、前記のほかにも千葉県の山万、埼玉県のニューシャトル、西武鉄道山口線、神奈川県の横浜シーサイドライン、兵庫県神戸のポートライナー・六甲ライナー、広島県のアストラムラインと、全国各地に多数の新交通システムがある。どちらかというとレイルファンには関心を持たれにくい新交通システムだが、小柄な車両が高架を走る様子は近未来的でなかなか面白い。

　日本では新交通システムの標準仕様が定められており、1989（平成元）年に開業した横浜シーサイドライン以降の路線は基本的にこのガイドラインに則ったシステムとなっている。ここに挙げた路線のうち、山万を除く各路線は「側方案内式」と呼ばれるシステム。文字どおり軌道の側面に沿って設けられた案内軌条に沿って走る方式で、この方式が国内の標準仕様となっている。山万は、軌道の中央にガイドレールのある「中央案内式」で、車両メーカーの日本車輌製造などが開発した

❶中央案内式軌条の山万ユーカリが丘線試運転。1982（昭和57）年11月2日に区間開業、1983（昭和58）年9月22日に全線が開業した　1982.7.7　❷横浜シーサイドラインの案内軌条式鉄道　2011.7.9　金沢シーサイドライン　❸かつて千葉県習志野市にあった谷津遊園の新交通システム「ボナ（VONA）」。同じシステムが山万ユーカリが丘線で採用されている　1972.12.3

「VONA（ボナ）」と呼ばれるシステムを採用。現在国内の新交通システムでこの方式を採用しているのはここだけだ。

　新交通システムで興味深いのは、なんといっても分岐器（ポイント）の部分だろう。一般の鉄道のようなレールがないだけに、どのように方向を切り替えるのか不思議な部分だ。

　側方案内式の場合、標準仕様となっているかたちが「水平可動案内板方式」と呼ばれるタイプだ。側方案内式の路線のうち、神戸のポートライナー以外はこの方式を採用している。

　分岐を見ていてもどこが動いているのかよくわからないかもしれないが、切替えの際に両サイドにある板が少し動くのが見えるはずだ。側方案内式は両サイドの案内軌条に車両の案内輪を沿わせて走るが、分岐の部分では「分岐用案内板」という別の案内板に、車両についている分岐専用の案内輪を引っ掛けて走る。分岐の際に動くのは、この分岐用案内板だ。

　ポートライナーはもっとダイナミックな「浮沈式」と呼ばれる方式だ。これは、案内軌条がその名のとおり浮き沈みするシステム。分岐用と直進用の案内軌条が上下する仕組みになっており、直進する際は直進用、曲がる際は分岐用の案内軌条が上昇する。この方式だと分岐のために専用の案内輪などがいらないが、ポイントそのものの構造が複雑になる。見ているぶんにはこちらのほうが動きは面白い。山万の中央案内式も、桁そのものがグググッと動く仕組みだ。

　じつは新交通システムの場合、一般の鉄道では可能な両渡り（シーサスクロッシング）分岐器は基本的に存在しない。とくに側方案内式の場合は、案内軌条に切れ目があるとタイヤが従うガイドがなくなってしまうからだ。

**(著者プロフィール)**

**小佐野カゲトシ**：1978（昭和53）年生まれ。地方紙記者を経て2013（平成25）年に独立。国内の鉄道計画や海外の鉄道事情をテーマに、各誌の取材・執筆を精力的に行なっている。レイルファン向けのみでなく、経済や社会的な視点から記事を書くのを得意とする。

DJ鉄ぶらブックス011

## 線路端のひみつ

2016年5月31日　初版発行

| | |
|---|---|
| 著　　者 | 小佐野カゲトシ |
| 発 行 人 | 江頭　誠 |
| 発 行 所 | 株式会社交通新聞社 |
| | 〒101-0062 |
| | 東京都千代田区神田駿河台2-3-11 |
| | NBF御茶ノ水ビル |
| | ☎ 03-6831-6561（編集部） |
| | ☎ 03-6831-6622（販売部） |
| 写　　真 | 松本洋一　久保田敦　池口英司 |
| | 交通新聞社　交通新聞サービス |
| 本文DTP | パシフィック・ウイステリア |
| 印刷・製本 | 大日本印刷株式会社 |

（定価はカバーに表示してあります）

©Kagetoshi Osano 2016
ISBN978-4-330-67116-1

落丁・乱丁本はお取り替えいたします。
ご購入書店名を明記のうえ、
小社販売部宛てに直接お送りください。
送料は小社で負担いたします。